Mareike Henning wurde im März 1980 in Niedersachsen geboren. Sie ist eine lebensfrohe und tatkräftige Frau und steht mitten in einem erfüllten Leben – als sie aus heiterem Himmel zwei Diagnosen bekommt, die ihr Leben völlig verändern.

Ihre bewegende Reise als Brustkrebspatientin hält sie in diesem Buch fest. Sie teilt nicht nur ihre Herausforderungen und Ängste, die sie während der Zeit der Prophylaxe, der Diagnose und dann im Zuge der Behandlung durchlebt, sondern auch die Hoffnung und Stärke, die sie aus dieser schweren Zeit schöpfen konnte.

Mareike möchte mit ihrem Buch anderen Betroffenen Mut machen und darauf hinweisen, wie entscheidend Aufklärung und Selbstbewusstsein im Umgang mit dieser Krankheit sind.

Mareike Henning

IRGENDWANN WERDE AUCH ICH EIN ENGEL SEIN

Meine Brustkrebsreise

Inhalt

... dann holen wir dich

Das Ganze begann mit Schmerzen in der Brust, als wir aus dem Herbsturlaub zurückkamen. Wir waren mit gemeinsamen Freunden auf einer Norwegen-Kreuzfahrt gewesen, mein Mann Raik, unser Sohn Joris und ich. Norwegen war immer schon mein absolutes Traumziel gewesen. Ursprünglich hatten wir alleine fahren und Joris' besten Freund Ben mitnehmen wollen. Eines Tages aber riefen dessen Eltern an und überraschten uns mit der Idee: „Wisst ihr was? Wir kommen mit, wenn ihr nichts dagegen habt!" Das machte die Runde, und Bens Tante mit Familie schloss sich uns an. Am Ende waren wir zu elft – einschließlich fünf Jugendlichen – und verbrachten eine wunderschöne Zeit.

In Kiel schifften wir uns auf der AIDA ein, nach einem Tag auf See erreichten wir Bergen, unsere erste Station. Wir steuerten vier Häfen an, bevor ein Rückreisetag auf dem Wasser uns wieder nach Kiel zurückbrachte. Und egal, wo wir in Norwegen ausstiegen, die Jungs stürmten die Sportgeschäfte.

Wir teilten uns auf, unternahmen auch Ausflüge in kleineren Gruppen, gingen ins Fitnessstudio oder in den Wellnessbereich. Aber das Wichtigste war für uns alle, an Bord gemeinsam zu essen. Wir hatten gesagt: „Zum Frühstücken und zum Abendessen treffen wir uns, in der Zwischenzeit kann jeder tun und lassen, was ihm gefällt." Wir bestachen den Kellner, uns einen entsprechenden Tisch zu reservieren, denn mit einer so großen Gruppe ist es sonst nicht leicht, zusammenzusitzen. Das Schiff war mit sechstausend Passagieren an Bord ausgebucht, die Hälfte davon Kinder. Entsprechend wild ging es auf den Gängen und in den Speisesälen zu.

An einem Samstag kamen wir wieder zuhause an, es war der 21. Oktober. Als ich am Sonntag wach wurde, ging es mir überraschend schlecht. Mein Körper spielte verrückt, er tat mir von Kopf bis Fuß weh. Mir war schwindelig, ich war nicht nur müde, sondern auch sehr wackelig auf den Beinen. Ich kann gar nicht sagen, was es genau war. Im Nachhinein fühlt es sich an wie ein Vorbote für all das, was ich viel später unter der Chemo erleben musste: exakt diese Schmerzen in meinen Knochen und Gliedern. Als hätte mein Körper mir zeigen wollen, worauf ich mich einzustellen und vorzubereiten habe. Ich erlebte dasselbe Kribbeln auf dem Kopf, was sich später einstellte, als mir die Haare ausfielen, und meine Lymphknoten waren geschwollen. Aus medizinischer Sicht lässt sich diese spontane Symptomatik nicht erklären.

Etwa zwei Wochen vor dem AIDA-Urlaub hatte ich einen Traum, in dem meine Mama und meine Oma bei mir am Bett standen. Was sie zu sagen hatten, war kurz und sehr beängstigend: „Mareike, wenn du nicht langsam aufpasst und an dich selber denkst, wenn du nicht endlich auf deinen Körper hörst, dann holen wir dich bald." Genauso plötzlich, wie sie vor mir gestanden hatten, waren sie wieder verschwunden. Ich schreckte hoch – und konnte danach nicht wieder einschlafen. Das beklemmende Gefühl war geblieben.

I   *Die Entdeckung*

Triple negativ

Ich habe jahrelang alles mir Mögliche getan, um den Ausbruch einer Krebserkrankung im Vorfeld zu verhindern – und dann ist das völlig Unwahrscheinliche doch eingetreten. Ich hatte den Ärzten immer wieder gezeigt, dass nach der prophylaktischen Entfernung und dem Neuaufbau meiner Brust die linke Seite größer war als die rechte. Etwas passte da nicht, es war mir eindeutig zu viel Volumen, und genau dort sitzt jetzt der Tumor. Im Nachhinein schwingt darin eine große Symbolik.

Eigentlich aber nahm die ganze Geschichte ihren Ausgang damit, dass meine Mama im Februar 2017 ihre Brustkrebsdiagnose bekam. Im November 2016 hätte sie einen Termin für ihre routinemäßige Mammographie gehabt, wegen meiner Oma und mir hatte sie ihn damals abgesagt. Meine Oma war sehr angeschlagen, ich pflegte sie zuhause, hatte aber an diesem Tag einen wichtigen Termin und bat darum: „Mama, ich kann heute nicht, du musst mir Oma abnehmen." Sie willigte sofort ein, ließ nichts von ihrer eigentlich geplanten Untersuchung verlauten und verlegte ihren Kontrolltermin auf den Februar. Wenn meine Bitte nicht gewesen wäre, hätte man ihre Krankheit womöglich schon drei Monate eher entdeckt.

Als ich nach ihrer Untersuchung im Februar zuhause anrief, reagierte mein Vater merkwürdig: „Mama hat keine Zeit." „Wieso hat Mama keine Zeit?", fragte ich. „Ist egal", wollte er mich abwimmeln. „Nein, ist nicht egal", beharrte ich. „Was ist los?" Ich merkte, dass etwas nicht stimmte. „Da musst du Mama fragen", er wich mir aus. Na gut. Am nächsten Tag sprach ich meine Mama direkt darauf an, und nach kurzem Herumdrucksen erzählte sie, dass eine Biopsie gemacht worden sei, weil auf dem Mammographie-Bild etwas Ungewöhnliches zu sehen war. Sie warte auf das Ergebnis.

Kurz darauf erfuhren wir das Unfassbare: Sie hatte den „Triple negativ" – die aggressivste Krebsform, die es gibt. Ihr Marker für den Zellteilungsfaktor lag bei 60. Das hieß, die Tumorzellen wuchsen sechzig Prozent schneller und teilten sich auch um sechzig Prozent schneller als im Normalfall.

Zuerst sah es aus, als wollte meine Mama alles allein in die Hand nehmen. Sie war selbst Krankenschwester. Als es dann darum ging, dass sie sich für die OP im Krankenhaus vorstellen sollte, setzte ich mich durch und fuhr mit ihr gemeinsam dorthin. Ihre Frauenärztin hatte uns ein Krankenhaus im Osten Hamburgs empfohlen, dort gäbe es eine sehr gute gynäkologische Abteilung. Es war ein angenehmes Gespräch, die Ärztin klärte uns auf, dass sie den Tumor entfernen würden, zuerst aber eine Chemo machen müssten, um ihn zu minimieren. Sie würde einen Termin mit einem plastischen Chirurgen vereinbaren. Auch dorthin begleitete ich meine Mama, und was wir erfuhren, hörte sich gut an. Der Chefarzt, der mit uns sprach, war überaus empathisch. Sehr einfühlsam ging er auf meine Mama ein. Ich bekam den Eindruck: Hier ist sie richtig! Hier läuft alles rund!

Meine Mama hatte eine ziemlich große Brust, immer wieder hatte sie in der Vergangenheit mit dem Gedanken gespielt, sie verkleinern zu lassen. Die Kostenübernahme dafür hatte die Krankenkasse bisher immer abgelehnt. Jetzt versprach der Chefarzt ihr: „Wir machen Ihnen eine richtig schöne Brust und verkleinern sie im Rahmen der OP so, wie Sie es möchten."

Zuerst musste meine Mama ab April 2017 aber durch die Chemotherapie. Sie hielt uns Kinder und auch meinen Sohn komplett raus, wir durften sie während der Chemo-Tage nicht besuchen. Sie wollte nicht, dass wir sie in ihrem Zustand sahen und erzählte uns so gut wie nichts. Das Einzige, was sie später sagte, war: „Ich mache nie wieder eine Chemo." Man hatte ihr sechzehn Dosen verordnet, aber sie bekam extreme Probleme mit dem Kribbeln in Händen und Füßen. Sie konnte nichts mehr in ihren Händen halten, sie konnte nicht mehr laufen – ihre Lebensqualität war völlig dahin. Weil der Tumor nach der neunten Chemo nicht mehr zu sehen war, wurde die Therapie damals vorzeitig beendet.

Danach stand im Spätsommer 2017 die Operation zur Entfernung des Restgewebes an. Die kranke Brust wurde mit dem Bauchlappen direkt in derselben OP wieder aufgebaut. Diese Rekonstruktion ging leider schief – der Bauchlappen starb innerhalb von zehn Tagen ab und ließ sich nicht retten. Es hieß, das könne bei Rauchern in seltenen Fällen vorkommen, die Regel sei es aber nicht. Meine Mama war Raucherin gewesen. Als sie die Diagnose bekam, hatte sie sofort mit dem Rauchen aufgehört.

Sie musste nochmals operiert werden, diesmal wurde der Rückenmuskel nach vorne gezogen und als neue Brust aufgebaut. Auch die Eierstöcke ließ sie sich aufgrund des Krebsrisikos entfernen. Nach dieser OP ereignete sich ein Darmverschluss. Auf ganzer Strecke lief alles schief. Als Krankenschwester wusste sie zum Glück, was los war, als sie schwarz spuckte: „Ruf sofort den Notarzt", bat sie meinen Vater. Da war es fünf vor zwölf, und sie wurde notoperiert.

Pech gehabt

Schon zu Beginn von Mamas Tumordiagnose hatte der Verdacht auf einen Gendefekt im Raum gestanden. Die Ärzte hatten uns aufgrund der ungewöhnlich aggressiven Krebsart Triple negativ, die, wie es hieß, häufig erblich bedingt sei, nahegelegt, einen entsprechenden Test zu machen.

Krankheiten hatte es in unserer Familie eigentlich nie gegeben. Klar, meine Mama litt – auch berufsbedingt – immer wieder an Bandscheibenvorfällen, aber das steckte sie jeweils gut weg. Sie war immer die Starke. Deshalb hatte der Humangenetiker, bei dem wir zur Anamnese saßen, zuerst gesagt, er könne sich nicht vorstellen, dass bei uns der Gendefekt vorliege. Meine Mama habe wahrscheinlich „nur Pech gehabt", denn ein Gendefekt würde ein entsprechend geschwächtes Immunsystem hervorrufen, dadurch würde es normalerweise zu einer Häufung von Krankheiten kommen. In unserer Familie aber war die einzige Auffälligkeit, dass meine Uroma mütterlicherseits einen Gehirntumor gehabt hatte. Der wiederum hatte nichts mit einem Gendefekt zu tun. Sie folgte meinem Uropa in den Tod, der einige Monate zuvor bei einem Autounfall auf der Bundesstraße ums Leben gekommen war. Beide starben sehr schnell nacheinander, noch bevor ich geboren wurde.

Mama und ich entschieden uns, den Test machen zu lassen. Drei Monate später kam das Ergebnis – und das Unwahrscheinliche erwies sich als wahr: Uns beide traf die Diagnose „Gendefekt BRCA1". Es war März 2018.

Für mich hatte von vornherein festgestanden: Wenn ich mich testen lasse, werde ich Konsequenzen aus dem Ergebnis ziehen. Sprich, wenn er positiv sein würde, würde ich mir die Brust abnehmen lassen. Darüber war ich mir völlig im Klaren. Ich besprach es mit meinem Mann und allen anderen aus der Familie, zugleich wollte ich nicht darüber diskutieren. Mir war in gewisser Weise egal, was andere dazu sagten und darüber dachten. Meine Schwiegermutter war bereits an Krebs gestorben, meine Mutter ging durch die Krankheit, ich hatte die Leidenswege beider Frauen ständig vor Augen und sagte mir: „Diese Diagnose möchte ich niemals bekommen, ich werde alles dafür tun!"

Es zeigte sich, dass die Wahrscheinlichkeit zu erkranken bei mir enorm hoch war: Mir wurde ein achtzigprozentiges Brustkrebsrisiko und ein fünfzigprozentiges Eierstockkrebsrisiko bescheinigt. Und dennoch war es ein langer Weg von meiner Entscheidung bis zur prophylaktischen Brustentfernung. Es waren unendlich viele Gespräche an unterschiedlichsten Stellen nötig, denn die Krankenkasse lehnte die Kostenübernahme anfangs ab. Ich hatte einen harten Kampf auszutragen, das Thema „prophylaktische Mastektomie bei Gendefekt" war bislang eine Grauzone bei den Kassenleistungen. Ich brauchte psychologische Gutachten, musste mich in einer Uniklinik vorstellen. Irgendwann waren sie so weit, sich darauf einzulassen unter der Maßgabe: Brustaufbau mit Silikon, nicht aber mit Eigengewebe. Silikon aber wollte ich definitiv nicht. Es hieß: „Bis alles entschieden ist, können Sie die Eierstöcke doch schon entfernen lassen." „Nein", da war ich mir sicher, „zuerst kommt die Brust ab!" Meine Brust war für mich der Gefahrenherd Nummer eins, die Eierstöcke waren innerlich weit hinten. Nach Wochen des Kampfes und immer neuem Widerspruch war ich irgendwann so weit, dem behandelnden Arzt zu sagen: „Meine Brust ist eine tickende Zeitbombe für mich, ich will sie möglichst schnell loswerden. Egal wie."

Zwei Tage nachdem ich das ausgesprochen hatte, war die Genehmigung durch die Krankenkasse da.

Als wir im März unseren Urlaub in Dubai verlebten, ließ ich meinen Mann Abschiedsfotos von mir und meiner Brust im Pool aufnehmen. Diese Bilder hängen gerahmt bei uns zuhause.

Im Juli 2018 fand endlich die erste OP statt. Zuerst wurde mir damals die linke Brust abgenommen und direkt mit dem rechten Bauchlappen neu aufgebaut. Zwei Monate später war die andere Seite dran. Beide OPs dauerten etwa zehn Stunden, ich lag jeweils zwei Tage auf der Intensivstation. Weil ich große Mengen Blut verloren hatte, stand ich kurz vor einer Bluttransfusion. Mir ging vieles gleichzeitig durch den Kopf. Ich musste mir immer wieder sagen: „Alles wird gut, Mareike. Du bekommst eine neue Brust!" Ich sollte vierzehn Tage bleiben, entließ mich aber nach neun Tagen selbst. Ich wusste: Zuhause werde ich schneller gesund.

Danach gab es insgesamt fünf Angleichungs-OPs bis zum Dezember 2021. Die Bauchnarbe war beim ersten Eingriff nicht gerade angelegt worden, sie verlief in einem großen Bogen. Deshalb musste diese Naht nach unten gezogen und neu vernäht werden.

Auch meine Brust musste immer wieder korrigiert werden, weil sie einfach nicht schön wurde. Sie ist bis heute nicht so, wie sie sein soll, aber irgendwann hatte ich entschieden: „Jetzt ist Feierabend, jetzt nehme ich es so hin."

Einmal lagen der OP-Termin meiner Mama und mein eigener sogar so, dass wir uns ein Zimmer teilten. Das schweißte uns noch mehr zusammen. Eigentlich sollten wir gleichzeitig entlassen werden, aber bei meiner Mama gab es wieder Komplikationen. Es blieb ihr wirklich nichts erspart.

Damals hatten meine Mama und ich uns in diesem Krankenhaus gut aufgehoben gefühlt. Inzwischen habe ich gehört, dass nach der Mastektomie – der Entfernung der Brust aufgrund der Gendiagnose – ein abschließendes Kontroll-MRT etwa ein halbes Jahr nach der OP gemacht werden sollte. Darauf hätte man sehen können, dass bei mir noch Brustgewebe vorhanden war, was nicht vollständig entfernt worden war. Bei mir war dieses MRT nicht erfolgt. Ich hatte als Laie zu dem Zeitpunkt nicht darüber Bescheid gewusst und es von daher auch nicht einfordern können. Für mich stand außer Frage, dass mir nichts mehr passieren konnte. Innerhalb von drei Jahren war ich siebenmal operiert worden, ich war ständig präsent im Krankenhaus, und ich verließ mich darauf, dass die Ärzte wussten, was sie taten.

Mir war über das Netzwerk BRCA-Erkrankter nur ein einziger anderer Fall bekannt, bei dem sich trotz der Entfernung aller Risikoherde im Körper ein bösartiger Tumor entwickelt hat. Inzwischen habe ich Kontakt mit dieser Frau aufgenommen. In ihrem Fall war zuerst die Tochter an Brustkrebs erkrankt, genau umgekehrt wie in meiner Familie. Auch ihnen wurde nahegelegt, den Gentest zu machen, auch bei ihnen fiel er positiv aus. Petra ließ sich daraufhin 2017 die Brust abnehmen – und bekam 2022 Brustkrebs. Es ist schon ein beklemmendes Gefühl. Bei Petra lagen fünf Jahre zwischen Mastektomie und Diagnose, genauso wie bei mir. Warum gerade uns dieses Schicksal widerfährt? Wir wissen es beide nicht.

Seit mehreren Monaten schreiben wir uns intensiv, Petra wünscht mir jede Woche alles Gute, bevor ich in meine Chemo gehe, weil sie so viele Parallelen in unserer Geschichte sieht und sich dadurch sehr verbunden fühlt. Es ist ein wirklich enges Verhältnis geworden, obwohl wir uns bisher nicht persönlich kennen. Dieses Jahr will ich versuchen, mich mit ihr zu treffen. Ich freue mich darauf, zugleich macht es mir Angst. Vom Alter her könnte sie meine Mutter sein, ihre Tochter ist so alt wie ich. Ich glaube, die Begegnung wird mir sehr nahegehen.

Bei meiner Mama hatte es nach dem Durchlaufen ihrer Chemotherapie, der OP und den Bestrahlungen hoffnungsvoll ausgesehen. Es ging ihr wieder gut, und sie schmiedete Urlaubspläne mit meinem Vater. Sie wurde engmaschig kontrolliert, im September 2019 schien wirklich alles in Ordnung zu sein. Für den 29. November 2019 war geplant, dass sie sich die gesunde Brust präventiv abnehmen und neu aufbauen lassen würde. Einen Tag vorher wurde sie zur OP-Vorbereitung ins Krankenhaus aufgenommen. Schon zwei Wochen zuvor hatte sie mir erzählt, dass ihr ab und zu schwindelig sei. Ich beruhigte sie: „Mama, das ist die Aufregung. Du hast bestimmt Angst, dass die Brust nach dem Neuaufbau wieder abstirbt. Du machst dir Sorgen, ob die OP diesmal gut ausgeht. Versuch, nicht so viel daran zu denken."

Am 30. November, dem Tag nach ihrer OP, hatte meine Oma Geburtstag. Wir riefen Mama kurz gemeinsam im Krankenhaus an. Sie war nicht gut drauf, sagte, sie komme nicht recht auf die Beine und könne sich nicht richtig bewegen. Sie fühle sich sehr, sehr schwach und wisse nicht, warum. Am

1. Dezember rief sie mich an und bat mich, ins Krankenhaus zu kommen. Sie sei gerade im CT gewesen, man wollte abklären, woher ihr Schwindel kam, und hatte ihr gesagt, dass der Verdacht auf einen Schlaganfall bestehe. Es war ein Sonntag. Ich fuhr direkt los, Raik begleitete mich.

Meine Mama hatte ein Zimmer für sich. Als ich die Tür öffnete, dachte ich im Stillen: Sie liegt dort, als sei sie ein Pflegefall! Es tat mir richtig weh, sie so zu sehen. Nach unserer Begrüßung machte ich mich auf die Suche nach dem zuständigen Arzt und fragte: „Was ist denn los?" „Wir müssen Ihre Mutter gleich nochmal ins CT schicken, diesmal mit Kontrastmittel. Wir haben etwas gesehen, was da nicht hingehört." Mehr musste er nicht sagen, ich wusste Bescheid. Mir war sofort klar, dass die Ärzte etwas im Kopf gesehen hatten.

Ich ging ins Patientenzimmer und gab meinem Mann ein stummes Zeichen, indem ich meine Hand an meinen Kopf hielt. Zu meiner Mama sagte ich: „Wir fahren gleich zusammen in die untere Etage zur Untersuchung, ich komme mit."

Das Ergebnis lag schnell vor: drei Gehirnmetastasen und Schatten im Bereich des Brustkorbs. Vor

Verzweiflung schrie ich laut auf dem Flur. Ich wollte es nicht glauben. Das durfte einfach nicht wahr sein! Ich weinte bitterlich, mein ganzer Körper zitterte.

Die Ärzte begannen sofort, die OP vorzubereiten. Ein Tumor drückte im Hirn meiner Mama auf Regionen, die den Bewegungsapparat einschränkten. Er war so groß, dass er kurz vorm Platzen stand, und es war klar, dass meine Mama Weihnachten ohne eine OP nicht mehr erleben würde. Am 3. Dezember wurde ihr Kopf das erste Mal geöffnet, um diesen Tumor zu entfernen.

Ich hatte am selben Tag meine letzte Bauch-OP, in der die große Narbe korrigiert werden sollte. Die Ärzte hatten mich im Vorfeld aufgrund der jüngsten Entwicklung gefragt, ob ich die OP verschieben wolle. „Nein", beteuerte ich. „Ich kann bei meiner Mama gerade nichts ausrichten. Ich lasse mich operieren. Die zwei Tage, die ich danach im Krankenhaus verbringe, bin ich ganz in ihrer Nähe." So wurden wir beide am selben Tag im selben Krankenhaus operiert.

Meine Mama lag in der ersten Zeit nach der OP auf der Intensivstation. Nachdem ich aufwachte, ging ich sofort zu ihr. Sie fühlte sich den Umständen entsprechend gut, sie steckte den riesigen Eingriff erstaunlich gut weg und konnte alle Gliedmaßen wieder bewegen. Wir waren positiver Dinge. Dann rief der Chefarzt der plastischen Chirurgie mich zu sich und redete Tacheles: „Ich will ehrlich mit Ihnen sein, Ihre Mama wird nicht mehr lange leben." In mir zog sich alles zusammen, mein Herz pochte, mein Kopf hämmerte. Er fuhr fort: „Wir werden alles versuchen, um ihr die Zeit zu verlängern. Die zuständigen Ärzte setzen sich in Verbindung mit ihren Ärzten vor Ort." Dann schaute er mich an: „Frau Henning, als Sie damals mit Ihren achtunddreißig Jahren vor mir saßen und sagten: Brust ab, da habe ich Sie dafür bewundert, dass Sie eine so klare Entscheidung treffen konnten. Dass Sie darauf bestanden haben, alles entfernen zu lassen. Hut ab! Heute kann ich Ihnen sagen: Sie haben alles richtig gemacht. Sie haben vorgebeugt."

Damals war ich froh, das von ihm zu hören. In meiner heutigen Situation denke ich: Bullshit, was redest du! Vielleicht habe ICH alles richtig entschieden, aber IHR habt alles falsch gemacht! IHR habt bei mir das Kontroll-MRT vergessen!

Rote Rosen

Da die erste Hirn-OP gut verlaufen war und Mama sich erstaunlich gut erholte, entschieden die Ärzte, den zweiten großen Tumor im Kopf auch operativ zu entfernen. Der dritte Tumor sollte dann in unserer Klinik vor Ort bestrahlt werden, er war noch recht klein. Am 10. Dezember wurde der Kopf meiner Mama ein zweites Mal geöffnet – und danach war nichts mehr, wie es vorher war: Mama konnte ihre linke Seite nicht mehr bewegen.

Die Pflegekräfte waren zu diesem Zeitpunkt völlig überfordert, die Klinik überfüllt. Meine Mama klingelte nur, wenn es nicht anders ging, sie war vom Fach und kannte die Situation auf der anderen Seite. So versuchte sie, möglichst alles allein zu machen oder mit ihrer Bettnachbarin zu regeln. „Ich hole dich nach Hause", versprach ich meiner Mama, „egal wie."

Ich rief eine Freundin an, die einen Pflegedienst besitzt: „Ich weiß, dass ihr keine neuen Patienten aufnehmt, aber ich brauche eure Hilfe! Wir versuchen, so viel wie möglich allein zu machen, aber für den Notfall hätte ich euch gern an meiner Seite!" Ich bestellte ein Pflegebett und alles, was sonst noch nötig war, und holte meine Mama am 15. Dezember in ihr Zuhause. Das Pflegebett stellten wir im Wohnzimmer auf. Ich hatte versucht, Papa und meinen Bruder, der bei meinen Eltern lebte, auf Mamas Zustand vorzubereiten, aber sie wollten es nicht wirklich wahrhaben.

Man darf nicht vergessen, dass meine Mama gerade frisch an der Brust und am Bauch operiert war, als die Metastasen im Kopf entdeckt wurden. Die Versorgung dieser Wunden war mit der Notversorgung der neu entdeckten Tumore vernachlässigt worden, sodass die Bauchnarbe sich entzündet hatte. Die Wunde eiterte, Wundflüssigkeit lief aus, ihr Körper hatte keine Reserven mehr. Am 3. Januar musste sie deshalb nochmals zwei Tage und zwei Nächte nach Hamburg ins Krankenhaus, um Sekret absaugen zu lassen.

Von dort aus ging sie direkt in unsere onkologische Klinik vor Ort, um den verbliebenen Tumor im Kopf stationär bestrahlen zu lassen. Zwei Wochen zog sie es durch. Der zuständige Strahlenarzt ermutigte uns: „Wenn wir hier in zwölf Monaten noch einmal zusammensitzen, haben wir viel erreicht! Ich bin guter Hoffnung, dass Sie in diesem Jahr noch schöne Zeiten mit Ihrer Mutter verleben können."

Ich wurde in jenem Jahr vierzig, unser Sohn sollte konfirmiert werden, meine Mama sagte: „Das möchte ich miterleben. Und wenn ich im Rollstuhl sitze!" Außerdem wollte sie mit ihren beiden besten Freundinnen einen ganz besonderen Tag in Lüneburg verbringen. Sie war großer Fan von „Rote Rosen", ein Besuch am Set sollte unbedingt mit auf die Liste für diesen Tag. Ich erinnerte mich, dass es vom Roten Kreuz und den Johannitern ein sogenanntes „WunschMobil" gab, mit dem sie todkranken Menschen letzte Wünsche erfüllten. Ich hatte dorthin geschrieben, um mich zu bewerben – meine Mama wurde ausgewählt. Alles wurde dafür vorbereitet, der Termin für Ende Februar festgelegt. Sie und ihre Freundinnen sollten mit dem Krankenwagen abgeholt werden, ich hatte die Organisation übernommen. Mama hatte sich sehr darauf gefreut.

Ja, meine Mama wurde zu dem Zeitpunkt schon palliativ behandelt, aber wir gingen davon aus, dass wir noch etwas voneinander haben und intensive Momente mit ihr genießen würden. Auch war hinsichtlich ihres Testamentes noch nichts geregelt, wir wähnten uns keinesfalls unter Zeitdruck. Raik, Joris und ich hatten geplant, Anfang April mit Freunden auf der AIDA Urlaub zu machen, deshalb sprach ich mit der Palliativärztin, die mir offen sagte: „Wenn etwas mit Ihrer Mama sein sollte, kommen Sie vom Kreuzfahrtschiff nicht so schnell nach Hause. Überlegen Sie sich, ob Sie diese Reise nicht besser verschieben wollen." Das klang vernünftig, wir beschlossen, den Urlaub zu einem anderen Zeitpunkt zu genießen und stornierten die Reise.

Meine Mama war relativ gut drauf. Ja, sie lag im Bett, ja, wir mussten sie pflegen, aber sie hatte es akzeptiert. Mein Papa und mein Bruder unterstützten mich wirklich gut, ich war ganz überrascht. Wir alle sind in diesen zehn Wochen über unsere Grenzen hinausgewachsen. Es war nicht leicht zwischen den beiden Männern, meine Mama stand immer wieder zwischen ihnen, und es wurde deutlich, dass die Konstellation dauerhaft keine ideale Wohnsituation darstellte. Auch mein Papa und ich waren nicht immer einer Meinung und gerieten aneinander, aber Papa ermöglichte viel in dieser Ausnahmesituation. Im Großen und Ganzen war ich sehr stolz auf die beiden Männer.

Ich erinnere mich an einen Anruf meiner Mutter mitten in der Nacht: Ob ich bitte kommen könne, sie wolle eine Zigarette rauchen. Wie gesagt, sie war früher starke Raucherin gewesen. Als sie die Diagnose bekam, hatte sie sofort aufgehört. Jetzt war mein Vater der Meinung: „Die Zigarette bringt dich um, die bekommst du nicht!" Ich fuhr hin und gab ihr die Zigarette, dann sprach ich mit meinem Papa: „Du musst Mama alles ermöglichen, was sie möchte. Diese Zigarette wird sie nicht umbringen, das macht der verdammte Krebs." Für meinen Papa war es ganz, ganz schwer. Ich wusste, worauf ich mich vorzubereiten hatte, er und mein Bruder konnten es immer noch nicht richtig fassen.

Anfang Februar sprach die Palliativschwester, die einmal am Tag nach meiner Mama schaute, mich aus heiterem Himmel an: „Mareike, nimm dir Urlaub für die nächsten zwei Wochen. Und sag es auch deinem Bruder!" Ich schaute sie erstaunt an und fragte: „Wieso?" „Deine Mama wird die nächsten zwei Wochen nicht überleben." „Das kann nicht sein!", mir verschlug es den Atem, ich war völlig unvorbereitet darauf. „Doch", sie sah mich lange an. „Nimm meine Worte ernst."

Wenn ich heute an diese schwere, intensive Zeit zurückdenke, finde ich es immer noch unfassbar, wie schnell ein todkranker Mensch sich äußerlich verändert. Beim Betrachten von Fotos aus den letzten

Tagen meiner Mama begreife ich heute, warum die Palliativschwester um ihren bevorstehenden Tod wissen konnte. Mir schoss bei dem, was sie damals sagte, alles zugleich durch den Kopf: Wir hatten noch so viel Gemeinsames unternehmen wollen. Und es gab auch bisher keinerlei Regelungen in Bezug auf das Haus ... Wie sollten wir so schnell Abschied voneinander nehmen?

Ich sprach offen mit meinem Papa, der sagte, ihm sei alles egal. Wenn Mama sterben würde, wolle er auch nicht mehr leben. Er wolle nichts haben, wir Kinder sollten das Haus erben, und am besten solle alles gleich jetzt auf uns überschrieben werden. „Dann musst du dir dessen hundertprozentig sicher sein", gab ich zu bedenken, „denn mit dieser Entscheidung haben Mirco und ich das Sagen im Haus. Du hast dann nur noch das Wohnrecht." Meine Mama wollte, dass mein Bruder abgesichert ist. Das war ihr ganz, ganz wichtig. Ich rief den Notar an und bat ihn: „Egal wie, Sie müssen sehr schnell etwas aufsetzen."

Am Dienstag danach fuhr ich morgens zu meiner Mama und wusch sie, auf dem Rückweg brachte ich unseren Sohn zur Schule. Als ich Joris gerade abgesetzt hatte, rief mein Papa an: „Mama bekommt keine Luft mehr. Bitte komm sofort! Sie ist mir fast erstickt!" Als ich das Haus betrat, saß sie im Rollstuhl in der Küche und starrte ins Leere. Diesen Blick werde ich nicht vergessen. Ich legte sie wieder in ihr Bett, und sie gestand: „Ich kann nicht mehr. Ich will nicht mehr." Dieser Erstickungsanfall war ein Schlüsselerlebnis für sie. Das Gefühl, keine Luft mehr zu bekommen – ausgelöst wahrscheinlich durch die Metastasen in der Brust –, hat sie geprägt. Von diesem Moment an sprach sie nicht mehr mit uns und machte ihre Augen praktisch nicht mehr auf. Noch hatte sie keine Schmerzen, aber ich sprach mit der Palliativärztin. „Wenn es so aussieht, müssen wir jetzt die Morphium-Pumpe einsetzen", entschied sie, „damit wir Ihre Mutter konstant schmerzfrei halten können, falls der Tumor anfängt zu drücken."

Ich benachrichtigte den Notar, dass es jetzt höchste Zeit sei zu kommen. Wir waren persönlich mit ihm bekannt, und am Donnerstagabend machte er es möglich. Er fragte meinen Vater, welche Variante des Testaments er wolle, und Papa sagte: „Meine Kinder sollen alles erben!" Dann wandte er sich an meine Mama und fragte, ob sie einverstanden sei. Sie öffnete kurz ihre Augen und bestätigte: „Ja, die Kinder." Es waren ihre letzten Worte.

Der Notar musste pflichtgemäß alle Passagen des Testaments verlesen; ich stand am Fußende des Pflegebettes, die anderen saßen im Raum verteilt. Zum

Schluss sollte meine Mama ihre Unterschrift leisten, dazu stellte Papa das Kopfteil ihres Bettes hoch, und sie raffte sich ein letztes Mal auf. Sie unterschrieb, schaute mir dann ganz tief in die Augen, nickte, ließ sich zurückfallen und schloss ihre Lider ein letztes Mal. Es war der Moment, in dem sie sich von mir verabschiedete. Beide wussten wir es.

Am Freitag rief ich ihre beiden besten Freundinnen Ilse und Monika an und ihre Cousine Brigitte, die in Lübeck lebte. „Wenn ihr Mama noch einmal sehen wollt, solltet ihr dieses Wochenende kommen", sagte ich ihnen unter Tränen. „Ich weiß nicht, wie lange sie noch lebt." Raik und Joris fuhren am Freitagabend zu ihr, um sich zu verabschieden. Ich denke, dass Mama es mitbekommen hat. Für Joris war es besonders schlimm, er hat bitterlich geweint. Er musste wieder einen geliebten Menschen gehen lassen, und mein Mutterherz hat sehr gelitten. Auch Monika hat Mama am Freitag ein letztes Mal gesehen. Am Samstag war die Palliativärztin da, sie hatte Mama Morphium gegeben und musste dann nach Hamburg fahren: „Wir sehen uns morgen wieder, Frau Henning, wenn etwas ist, dann melden Sie sich. Ich bin telefonisch erreichbar", sagte sie beim Hinausgehen. Dann kam Ilse, um sich von ihrer besten Freundin zu verabschieden. Und auch

Mamas Cousine saß mit Mann noch eine Stunde an Mamas Bett. Mein Papa hielt sich in der Küche auf, ich fuhr mit Raik einkaufen. Als der Besuch mittags wieder weg war, sagte ich zu meiner Mama: „Mirco geht zu seinem Cousin Martin rüber, Raik und ich fahren kurz nach Hause und machen Essen für Joris. Heute Nachmittag komme ich wieder. Papa schaltet dir die Übertragung des HSV-Spiels im Fernseher an, du kannst Fußball hören." Meine Mama – unsere gesamte Familie – ist leidenschaftlicher HSV-Fan.

Zuhause angekommen steckte ich gerade den Schlüssel in die Haustür, da rief mein Papa an: „Mama ist eingeschlafen." Sie hatte gewartet, bis wir alle weg waren, und dann im Beisein meines Papas ihren letzten Atemzug getan.

II   Starke Frauen

Immer die anderen

Von der Diagnose der Metastasen bis zum Tod meiner Mama waren nur knapp zehn Wochen vergangen, damit hatte niemand gerechnet. Es war der 15. Februar 2020, und es ging viel zu schnell für uns alle. Ich hatte gewusst, dass ich mich auf ihr absehbares Ende vorbereiten muss, hatte aber nicht ahnen können, dass es so ausgehen würde.

Ich weiß nicht, was schlimmer ist: einen geliebten Menschen durch einen plötzlichen, unerwarteten Tod zu verlieren? Oder zu wissen, dass ein geliebter Mensch sterben wird und sich darauf vorzubereiten? Ich kann es nicht beantworten ... Beides ist die Hölle auf Erden! Auch wenn wir wissen, dass der Tod zum Leben dazugehört.

Am 7. März 2020 wurde meine Mama im Geleit von über hundert Trauergästen beerdigt. Zum Glück war das noch möglich, kurz danach griffen die Corona-Beschränkungen. Auf ihrem letzten Weg habe ich die Urne mit Begleitung des Liedes „Time to say

Goodbye" getragen. Es war mein ganz persönlicher Abschied von meiner geliebten Mama.

Mein Papa und mein Bruder haben es lange Zeit nicht wahrhaben wollen. Und im Moment haben sie genau solche Angst, mich zu verlieren, wie damals, als es um Mama ging. Es ist bei uns allen in den Köpfen.

Besonders mein Bruder hat bis heute arg zu kämpfen, er und meine Mama waren sich ganz, ganz nah. Sie ist immer seine Bezugsperson gewesen und war immer für ihn da. Er ist Mitte dreißig und alleinstehend. Ich wünsche mir von Herzen, dass er seine große Liebe findet. Mein Papa und Mirco leben in ihrer „Wohngemeinschaft" und halten es immer wieder auch nicht miteinander aus. Manchmal rede ich mir den Mund fusselig: „Wir müssen eine Lösung finden, einer von euch muss ausziehen, das funktioniert so nicht." Aber es will keiner von beiden loslassen. Und vielleicht ist es aber auch gut, denn so ist keiner von beiden alleine.

Nachdem Papas Arbeitgeber, bei dem er fast vierzig Jahre gewesen war, die Firma geschlossen hatte und er zuerst arbeitslos, dann in Frührente gegangen war, hatte Papa für vieles der Antrieb gefehlt. Er fühlte sich selbst nicht wohl damit, fand aber keine andere Lösung. Auch aus dem Freundeskreis hatte er sich zurückgezogen, meine Mama unternahm vieles allein. „Nur weil er nicht will, lasse ich doch nicht auch alles sein!", war ihr Credo. Einmal im Jahr flogen beide gemeinsam mit ihren besten Freunden in die Türkei. Seit der Mann aus diesem Kleeblatt gestorben war, trug aber auch das nicht mehr.

Zum Glück gibt es Timmy, unseren Hund. Er mochte meine Tageskinder nicht, deshalb war er immer, wenn ich arbeitete, bei meinen Eltern. Bis zu meiner Erkrankung brachte ich Timmy jeden Tag zu meinem Papa und holte ihn abends wieder ab. Das war die Aufgabe meines Vaters, vor allem nach Mamas Tod. Jetzt, wo ich selbst zu Hause bin, ist Timmy bei mir, das bedauert mein Papa sehr.

An Mamas Seite war mein Vater wenig selbständig. Seit ihrem Tod regele ich alles für ihn, auch das habe ich übernommen. Ich fuhr vom ersten Tag an nach Hause, brachte den Männern Essen, machte die Wäsche, putzte das Haus für sie. Das Versprechen hatte ich meiner Mama am Sterbebett gegeben. „Du kannst loslassen, Mama, ich kümmere mich um die beiden", hatte ich ihr versichert.

Raik und Joris leiden immer wieder auch darunter, wie sehr ich mich seit Mamas Tod um meinen Papa kümmere. Zu Beginn rief er mich mehrmals täglich an, ich habe ihn zum Arzt begleitet, ich war mit ihm einkaufen. Damals war ich wirklich für alles zuständig, vor allem, wenn es bei ihm und Mirco eskalierte. Dann bekam ich viel ab. Sie können nicht miteinander, aber auch nicht ohneeinander. Bis heute ist es so, wenn er oder mein Bruder schlechte Laune haben oder laut werden, dann lasse ich sie. Ich habe die Erfahrung gemacht, dass wenn ich versuche dagegenzuhalten, sich alles nur verstärkt und verschlimmert. Das habe ich von meiner Mama übernommen, sie handelte ähnlich. Sie war diejenige, die die Fäden unseres Familienlebens zusammenhielt, die für alles sorgte.

Zum Glück ist es etwas leichter für mich, seit Papa eine Freundin hat. Er lebt auf, er findet wieder Lebensmut, das sagt er von sich selbst. Inzwischen fährt er mit dem Fahrrad sogar mal alleine Kleinigkeiten einkaufen. Ich bin dann manchmal echt erstaunt, dass es auch ohne mich geht.

Ja, meine Mama hat alles organisiert, sie hat die Fäden gezogen in unserer Familie der starken Frauen. Schon meine Oma traf wichtige Entscheidungen allein und nahm ihr Leben bewusst in die Hand. Sie hatte sich von ihrem ersten Mann relativ schnell wieder getrennt. Dann lernte sie meinen Opa Helmut kennen, den Vater meiner Mama. Er war Seemann und bereiste die Welt von Kanada aus, deshalb siedelte sich meine Oma dort an. Als meine Mama sechs Jahre alt war und zur Schule gehen sollte, wurde sie allein nach Deutschland geschickt und lebte bei den Eltern meiner Oma. Oma selbst blieb zuerst in Kanada, ein Jahr später trennte sie sich dann von Helmut und zog zu ihrer Tochter nach Deutschland. Später lebte auch Helmut mit seiner neuen Frau wieder in Deutschland. Einmal im Monat besuchten wir die beiden, wir hatten ein gutes Verhältnis. Mein Opa Helmut war nach einem Schlaganfall querschnittgelähmt und fast zwanzig Jahre lang ein Pflegefall. Seine Frau kümmerte sich rund um die Uhr um ihn. Wochen nach seinem Tod starb auch sie – an gebrochenem Herzen.

Ich glaube, es gab Zeiten, da wäre meine Mama gern aus ihrer Ehe und unserer Familienkonstellation ausgebrochen. Als ich zwei Jahre alt war, hatten meine Eltern sich kurzzeitig getrennt. Fast ein Jahr lang lebten sie nicht miteinander, dann hatte meine Mama meinem Papa eine zweite Chance gegeben.

Emotionale Themen, Beziehungsmuster, all diese Dinge wurden bei uns nie offen ausgesprochen. Auch zwischen meinen Eltern nicht. Für mich ist es nach wie vor schwer, dass mein Vater keine Gefühle zeigen kann. Ich hätte nicht erwartet, dass er nach Mamas Tod viel länger weiterlebt. Inzwischen sind es fast fünf Jahre.

Das, was meine Mama emotional damals für die beiden Männer war, bin ich heute für sie. Mein Vorteil ist, dass ich mich nach Hause in meine eigenen vier Wände retten kann. Ich weiß: Ich kann die beiden nicht verändern; ich müsste mein ständiges Für-sie-Sorgen sein lassen, damit sie selbständig werden. Ich müsste einen radikalen Schnitt vollziehen, damit sie Schritte in ihre Eigenverantwortung tun können. Ich sollte mich endlich um mich selbst kümmern. Das aber fühlt sich für mich an, als wenn ich die beiden ausliefern würde. Es ist mir unmöglich. Mein Bruder war immer mein „kleiner Bruder", wie könnte ich ihn hängenlassen? Zumal ich weiß, wie sehr er unter Mamas Tod leidet.

Ja, ich bin jemand, der sich um alle anderen kümmert und sich selbst immer hintanstellt. Ich versuche, für die Menschen um mich herum da zu sein und vergesse mich selber. Diesen Mechanismus sehe ich klar, ich kann ihn aber nicht ändern. Ich spüre meine Grenzen nicht. Vielleicht will ich sie auch nicht spüren. Raik hat mal gesagt, ich sei wie Mutter Teresa.

Sogar während der Chemo mache ich das so. Abends entschuldige ich mich häufig bei meinem Mann und bei meinem Sohn dafür, dass ich nichts geschafft habe. Die ersten vier Chemos waren hammerhart. Mir ging es teilweise sehr schlecht. Die Arbeit im Haushalt blieb liegen, am Abend etwas zu essen zu machen, war nicht drin. Wenn mein Mann von der Arbeit kam, musste er im Haushalt mit anfassen. Sobald ich das bedauerte, schüttelte er den Kopf: „Du bist verrückt! Wofür musst du dich entschuldigen?" Ja, weshalb? Ich kenne es so, dass ich funktioniere. Das tue ich eigentlich schon immer. Ich habe es zuhause so mitbekommen, bei meiner Mama und bei meiner Oma. Beide waren sie so veranlagt, beide ließen sich nicht bremsen. Meine Oma hat es offensichtlich ganz gut kompensiert. Meine Mama wollte so lange keine Hilfe annehmen, bis sie durch ihre eigene Krebserkrankung nicht mehr anders konnte. Dass wir sie zuhause pflegen mussten, war ganz schlimm für sie. Zehn Wochen lang ging sie durch die Hölle. Sie wäre gerne in ein Hospiz gegangen, um uns die Pflege zu ersparen, aber dafür war es schon zu spät. Und ich weiß nicht, ob ich das übers Herz gebracht hätte.

Beide, meine Oma und meine Mama, waren Krankenschwestern, und sie wollten immer, dass auch ich Krankenschwester werde. Nein, das wollte ich nie, auch wenn es wahrscheinlich zu mir gepasst hätte. Ich habe stattdessen Industriekauffrau gelernt und jahrelang in der Datenerfassung und der Personalabteilung gearbeitet. Als unser Sohn in die Grundschule kam und wir für ihn keinen Hortplatz bekamen, wurde ich angesprochen, ob ich nicht Tagesmutter in seiner Schule werden und im Hort arbeiten wolle. Von da an war ich acht Jahre lang als Tagesmutter selbständig, erst in der Grundschule, später dann zuhause mit den ganz Kleinen von eins bis drei. Als ich 2018 die Diagnose „Gendefekt" bekam, habe ich pausiert, ich wollte ganz aufhören zu arbeiten, aber ich habe die Kinder wirklich vermisst. Es machte mir so viel Freude, mit ihnen zusammen zu sein. Ich hatte gedacht, ich muss einen Schlussstrich ziehen und mein Leben neu sortieren, aber ich habe es nicht auf die Reihe gekriegt. Ich wusste nicht recht, was und vor allem wie. Ich habe es laufen lassen.

Jetzt - nach dem Tumorbefund und den Chemos - weiß ich, dass ich wirklich etwas verändern muss.

Ich habe das dumpfe Gefühl, als wenn ich die Krankheitsgeschichte meiner Mama eins zu eins wiederholen würde. Ihr Tumor und meiner waren relativ ähnlich. Bei meiner Mama wurde nach der neunten Chemo die Behandlung komplett abgesetzt, bei mir wurde ein Medikament abgesetzt. Beide haben wir auf der rechten Seite einen Herdbefund, von dem keiner weiß, was es genau ist – und natürlich habe ich die große Angst, dass mir in einem oder zwei Jahren jemand sagt: „Sie sind bis oben voll mit Metastasen." Inzwischen geht es mir wie meiner Mama damals: Auch ich würde mit großer Wahrscheinlichkeit keine zweite Chemo machen. Die Nebenwirkungen waren teilweise sehr schlimm. Viele sagen, sie könnten mich verstehen, aber das stimmt nicht. Das kann keiner verstehen, der nicht selbst eine Chemo mitgemacht hat. Ich bin heute noch sehr dankbar für jede Aufmunterungs-WhatsApp von Verena, sie ist eine Bekannte aus vergangener Zeit und hatte selbst vor vielen Jahren Brustkrebs. Also wusste sie genau, was ich jeweils durchlebe. Sie ist für mich eine unheimlich wichtige Bezugsperson geworden.

Ich mache mir riesige Sorgen, dass meine jetzige Situation nicht nur ein Warnschuss ist. Ich möchte länger leben als nur die nächsten drei Jahre! Meine Krankheit erzieht mich brutal dazu, auf meine eigenen Kraftreserven zu schauen. Gleichzeitig habe ich Sorge, zur Kur oder Reha zu gehen, weil ich Gespräche mit Psychologen scheue. Ich weiß genau, wo mein Problem liegt. Mein Problem ist, dass ich alles für alle regeln möchte. Gleichzeitig kann ich nicht über die Schwelle gehen, etwas von meinen selbstgewählten Aufgaben abzugeben. Ich habe Angst, dass wenn ich zur Reha gehe und psychologische Gespräche führe, ich plötzlich mein ganzes Leben einschließlich meiner Beziehung zu meinem Bruder und meinem Papa bis hin zu meiner Ehe hinterfragen soll. In unserem engen Freundeskreis haben wir es gerade erlebt, dass eine Freundin wegen gesundheitlicher Themen in therapeutische Behandlung gegangen ist. Die Therapeutin sagte, ihre Ehe tue ihr nicht gut – und unsere Freundin hat daraufhin ihren Mann verlassen.

Ja, meiner Mama war bewusst, dass ihre familiäre Situation sie sehr forderte. Aber auch sie wusste nicht, wie sie das Dilemma hätte lösen können. Und dann war es zu spät.

Was bräuchte es bei mir? Wozu wäre ich bereit? Und woran halte ich fest?

Es begann mit meiner Oma

Meine Beziehung zu Mama war eng, noch enger aber war mein Verhältnis zu meiner geliebten Oma Eva. Ich war schon als Kind viel bei ihr gewesen, denn meine Mama hatte im Nachtdienst gearbeitet. Sie hatte nur mich und meinen Bruder als Enkel, während es bei der Oma väterlicherseits dreizehn Enkelkinder gab.

Das Drama der letzten Jahre hatte eigentlich mit meiner Oma begonnen.

2015 feierten Raik und ich mit Familie und Freunden in unserem Garten unseren zehnten Hochzeitstag. Bei uns im Norden wird das Fest „Hölzerne Hochzeit" genannt, entsprechend hingen Holzlöffel am Gartenzaun, und wir wurden mit einem riesigen Herz aus Holzspänelöckchen beschenkt. Es war ein wunderschöner Septembertag, das Wetter spielte mit, der Abend war warm und sonnig. Meine Oma wurde im Verlauf der Feier immer stiller, auf einmal fragte sie uns, wo sie denn sei. Ich war irritiert und wollte wissen: „Wie? Wo bist du? Wie meinst du das, Oma?" Es stellte sich heraus, dass sie nicht mehr laufen konnte und sich sogar eingenässt hatte. Zum Glück war ihre Nachbarin auch eingeladen. Ich entschied, dass meine Oma in ihrem Zustand nicht mehr Auto fahren könne, und bat die Nachbarin, sie nach Hause und in ihre Wohnung zu bringen.

Ich selbst machte mich gleich am nächsten Morgen auf den Weg zu ihr. Sie war leidenschaftliche Näherin, Patchwork-Arbeiten hatten es ihr besonders angetan, und sie hatte in ihrem Keller einen Hobbyraum mit ihrer Nähmaschine eingerichtet. Dort fand ich sie, und ich bekam den Eindruck: Irgendetwas stimmt hier nicht. Ich hatte sie lange nicht besucht, ich fuhr nur hin, wenn ihr Mann mal nicht da war. Ansonsten holten wir Oma zu uns, oder sie kam alleine mit ihrem Auto.

Meine Oma war zum dritten Mal verheiratet, mein Stiefopa und ich mochten uns nicht, aber wir haben uns immer gegenseitig akzeptiert und respektiert. Wir haben immer miteinander gesprochen und auch gefeiert, und trotzdem hatte ich das Gefühl, er sah mich als Konkurrenz. Zu Beginn unserer Beziehung hatten mein Mann und ich in einer Wohnung im oberen Stockwerk im Haus meiner Oma gelebt, meine Oma wohnte mit ihrem Mann unter uns. Sie hatte unseren Haustürschlüssel und sorgte immer für uns, wenn ihr danach war. Während wir arbeiteten, wusch sie für uns die Wäsche und hat sauber gemacht. Wenn wir nach Hause kamen, war alles fertig. Das war wunderschön. Als unser Sohn sich 2007 ankündigte, mussten wir ausziehen, die Zweizimmerwohnung wurde uns zu klein. Für meine Oma war das schwer. Mein Stiefopa warf uns vor, das Haus in einer Nacht-und-Nebel-Aktion verlassen und ihm vorher nichts davon erzählt zu haben. Von da an war Funkstille. Er kam nicht zur Taufe unseres Sohnes, nicht zu unseren Gartenfesten oder anderen Feierlichkeiten. Er war außen vor. Ich nahm es hin, es war mir eigentlich egal, ich musste nicht mit ihm leben. Wenn Oma glücklich ist, ist das in Ordnung, dachte ich mir.

Jetzt entdeckte ich, dass sie das Sofa in ihrem Keller zum Bett umgebaut hatte und außerdem ein Wasserkocher und Packungen mit 5-Minuten-Terrine dort standen. Es machte den Eindruck, als lebe sie in diesem Raum. In dem klitzekleinen Badezimmer hatte sie ihre Kulturtasche stehen. „Oma", sprach ich sie ganz direkt an: „Was läuft hier?" „Manchmal schlafe ich hier unten ein", sagte sie. „Das ist nicht dein Ernst", ich schluckte. „Dein Mann macht sich oben in deiner Wohnung breit, und du schläfst hier unten im Keller?"

Ich rief meine Mama an und sagte: „Hier muss was passieren!" Keine zehn Minuten später stand sie vor der Tür, und wir einigten uns, direkt nach oben zu gehen und mit Omas Mann zu sprechen. „Das geht euch gar nichts an", war seine knappe Antwort. Wir hätten in seiner Wohnung nichts zu suchen, er würde uns Hausverbot erteilen. Ich fing an zu lachen, „Du kannst mir kein Hausverbot erteilen", ließ ich ihn wissen. „Die Wohnung gehört inzwischen mir, Oma hat sie mir überschrieben." Für ihn bestand Wohnrecht auf Lebenszeit, deshalb konnte ich nicht viel ausrichten. Aber ich machte ihm klar: „Oma hat nicht im Keller zu schlafen, sonst bekommen wir ein großes Problem miteinander! Jetzt ist Schluss!"

Es stellte sich heraus, dass meine Oma bei unserer Hölzernen Hochzeit einen kleinen Hirnschlag erlitten hatte. Auch dass sie schon mehrere solche Schläge gehabt, uns aber nie etwas davon gesagt hatte. Ich sorgte dafür, dass sie in Zukunft nicht mehr ständig putzte und für ihren Mann kochte, dass auch er Verantwortung übernahm. Und ich fragte sie offen: „Möchtest du mit diesem Mann noch zusammenleben?" Sie war ehrlich: „Nein." Das war deutlich, und so vereinbarte ich einen Termin beim Anwalt und entschied: „Jetzt wird die Scheidung eingereicht! Anders bekommen wir ihn nicht aus der Wohnung."

In dem Jahr, bevor meine Oma starb, hätten die beiden ihren fünfundzwanzigjährigen Hochzeitstag gefeiert. Sie hatten auch vor ihrer Heirat schon lange zusammengelebt, zu Beginn in der oberen Etage von Omas Elternhaus, während ihr Bruder mit seiner Frau die untere Etage bewohnte. Irgendwann waren Oma und ihr Mann aus ihrem Elternhaus ausgezogen, die neue Wohnung kauften sie von Omas Erbanteil ihres Elternhauses. Als die beiden heirateten, hatte sie ihm notariell das lebenslange Wohnrecht eingeräumt, ohne uns danach zu fragen. Erst 2013, als sie mir die Wohnung überschrieb, kam diese Vereinbarung ans Licht. Jetzt führte ich Oma vor Augen: „Es ist deine Wohnung, du hast sie dir von deinem Erbe gekauft! Er ist mit eingezogen, er hat viele Jahre dort mit dir gelebt. Aber so, wie es gerade läuft, kommt das nicht mehr in Frage."

Zuerst aber lag sie im Krankenhaus, danach fuhr sie zur Reha. Sie hatte Zeit, wir reichten alle notwendigen Unterlagen beim Anwalt ein – und dann begann der Ärger. Mein Opa war der Meinung, dass die Ehe vollkommen intakt sei, und wollte deshalb einer Scheidung nicht zustimmen. Die Idee dazu sei auf Mamas und meinem Mist gewachsen. Er wurde trotz allem gebeten, die Wohnung freiwillig zu verlassen, was er natürlich nicht tat. Er beharrte auf seiner Ehe und seinem Wohnrecht, er wollte bleiben, wo er war. Ich könne mich auf den Kopf stellen! Also blieb mir nur der Schritt vor Gericht. Ihm wurden einige Monate Frist eingeräumt, im Februar 2016 müsse er ausziehen, hieß es. Meine Oma und er sprachen nicht mehr miteinander, sie war im Keller geblieben, er pochte auf sein Recht. Sie ließ ihn wissen, er könne alles mitnehmen, Hauptsache, er ziehe aus. Das Ende vom Lied war: Er zog aus, ohne viel mitzunehmen, und unternahm dann anwaltliche Schritte, um ausbezahlt zu werden. Das aber konnten wir zum Glück abwenden.

Dass meine Oma und mein Stiefopa dennoch nicht geschieden waren und Omas Mann dadurch juristisch immer noch das Wohnrecht in ihrer Wohnung hatte, machte die Situation kompliziert. Ich zerbrach mir den Kopf darüber. Im Juli 2022 hatte ich die Eingebung, einen Anwalt im Bekanntenkreis zu fragen. „Wie ist das", wollte ich wissen, „wenn mein Stiefopa sterben sollte, bekomme ich dann Bescheid?" „Im Prinzip schon", war seine Antwort,

„er hat nach wie vor das Wohnrecht, das erlischt erst mit seinem Tod. Theoretisch müssten Sie Bescheid bekommen. Wir könnten aber auch eine Nachverfolgung machen. Dazu bräuchten wir seinen Namen und die aktuelle Adresse." Die Adresse hatte ich nicht, ich wusste nur, in welche Stadt er gezogen war, und ich kam dann wieder davon ab.

Meine Oma zog nach dem Auszug ihres Mannes wieder hoch in ihre Wohnung, wir richteten ihr vieles neu ein, und sie war glücklich. Im Oktober 2016, kurz vor ihrem achtzigsten Geburtstag, reisten wir mit ihr nach Barcelona zu ihrer Freundin Helga, die sie kannte, seit sie drei Jahre alt war. Die beiden waren Tür an Tür miteinander aufgewachsen. Mein Mann und ich machten mit unserem Sohn Urlaub in Barcelona, wir gestalteten die Tage für uns, übernachteten nur bei Tante Helga, sodass Oma und sie viel Zeit für sich hatten.

Meine Oma war nicht so richtig gut drauf in dieser Zeit. Sie schlief in einem Zimmer mit meinem Sohn. Als ich in das Zimmer kam, bemerkte ich, dass Oma inkontinent geworden war und ihre schmutzigen Hosen im Koffer lagen. Als ich sie darauf ansprach, sagte sie: „Alles ist gut." „Nein, ist es nicht. Wir müssen deine Hosen waschen", erwiderte ich. Ich erlebte sie sehr vergesslich in dieser Zeit, und am zehnten Tag der Reise wurde sie krank. Sie bekam hohes Fieber und war nicht klar ansprechbar. „Ich weiß gar nicht, ob wir in diesem Zustand mit ihr fliegen können", sagte ich zu Tante Helga. „Ja, Oma gefällt mir gar nicht", gestand sie sorgenvoll. Irgendwie schafften wir es, sie nach Hause zu transportieren, die Fluggesellschaft unterstützte uns bestmöglich mit Rollstuhl und Begleitung. Ich sagte zu Oma: „Wenn wir zuhause sind, gehst du sofort ins Krankenhaus." Als wir sie einlieferten, wurde eine schwere Lungenentzündung diagnostiziert.

Sie lag Wochen im Krankenhaus, von dort fuhr sie wieder zur Reha. Danach holte ich sie nach Hause und pflegte sie. Es dauerte ewig, bis wir sie wieder aufgepäppelt hatten. Ich fuhr jeden Tag zu ihr, sie nahm mich völlig ein. Sie wusste, ich stehe parat, ich springe. Alles in meinem Leben drehte sich nur noch um Oma. Es gab einen Tag, da saß sie auf ihrem Rollator im Schlafanzug morgens um sieben bei Regen vor ihrer Haustür und wartete auf mich, obwohl ich mich gar nicht angekündigt hatte. Irgendwann war die Situation nicht mehr tragbar, ich gestand mir und allen anderen: „Ich kann nicht mehr."

Mamas Krebserkrankung kam dazu, kurze Zeit später meine eigene Diagnose, und so gaben wir Oma im Juni 2018 schweren Herzens in ein Seniorenheim. Das tut mir bis heute noch leid. Letztlich traf meine Mama die Entscheidung, weil sie deutlich sah, dass es so nicht weiterging. Ich habe es nur abgenickt, trotzdem war Oma mir sehr böse. Ich versprach ihr, sie jeden Tag im Heim besuchen zu kommen. Das hätte ich nicht machen dürfen, denn darauf pochte sie. Es dauerte lange, bis sie sich an diesem neuen Ort eingelebt hatte. Ich ermunterte sie, sich am sozialen Leben zu beteiligen, die Angebote wahrzunehmen. Eine Zeitlang ging das, aber richtig wohlgefühlt hat sie sich dort nie.

Die Krebserkrankung ihrer Tochter hat sie nicht verstanden, wahrscheinlich konnte sie den Gedanken daran nicht ertragen. Ich sagte ihr: „Mama ist jetzt außen vor, sie kann sich nicht kümmern. Nun bin ich da." Nachdem Mama gestorben war, hat Oma nur noch gelegen. Von da an ging es rapide bergab. Auch ihr Bruder war zwischenzeitlich gestorben. Dann kamen die Corona-Verordnungen, und ich durfte Oma wochenlang nicht besuchen. Sie war von heute auf morgen allein, nachdem sie kurz zuvor ihre Tochter zu Grabe getragen hatte. Ich telefonierte jeden Tag mit ihr, jeden Tag merkte ich, dass sie ruhiger wurde. Sie verstand nicht, weshalb ich nicht kam. Sie nahm es mir übel. In dieser Zeit baute sie enorm ab. Aber sie war eine Kämpferin – bis in den Dezember 2022.

Ihr Geburtstag ist am 30. November, ich hatte ihr versprochen, sie für diesen Tag hierher zu uns nach Hause zu holen. Alles war bestens geplant, ich hatte ihre Freundinnen und ehemaligen Arbeitskolleginnen eingeladen. Aber Oma erkrankte an Covid und durfte das Heim nicht verlassen. Also musste ich ihr erklären, dass ich sie an ihrem Geburtstag nicht nach Hause holen durfte. Auch das konnte sie nicht verstehen und hat geweint. Ich merkte, wie sie mit jedem Tag schwächer und müder wurde. Am 6. Dezember bekam ich morgens um halb neun bei der Arbeit einen Anruf aus dem Heim: „Wenn Sie Ihre Oma noch sehen wollen, sollten Sie sich auf den Weg machen!"

Ich fuhr sofort los und ging zu Oma ins Zimmer. Wie viel sie von meinem Besuch mitbekommen hat, weiß ich nicht. Ich fragte die Pflegekraft nach Omas Zustand: „Seit gestern bekommt sie Morphium", erfuhr ich. Die nächste Spritze sei für zwölf Uhr geplant, es wäre Glück, wenn Oma die noch mitbekommen würde.

Ich rief meinen Bruder an, auch er war arbeiten: „Wenn du Oma nochmal sehen willst, solltest du kommen." Er kam sofort, wir beiden saßen mit ihr am Bett und hielten ihre Hand. Um sechzehn Uhr war sie immer noch anwesend, dann wurde die Atmung ganz, ganz schwer. Wir dachten immer wieder, sie würde gleich ersticken. Ich kannte diese Geräusche von meiner Mama. Um halb fünf sagte ich zu Mirco: „Es wird hier wohl noch eine Weile dauern, fahr du mal nach Hause, du musst morgen wieder arbeiten." Er verabschiedete sich von Oma. Kurz darauf kam noch eine Pflegeschwester, die meine Oma sehr mochte. Es war ihr freier Tag, sie hatte aber von Omas Zustand gehört und wollte ihr eine gute Reise wünschen. Zehn Minuten später schlief Oma in meinem Beisein ein. Bis zum letzten Atemzug habe ich sie begleitet.

Zwei Wochen zuvor war meine andere Oma schon von uns gegangen. Nun musste ich mit so kurzem Abstand auch meine geliebte Oma Eva für immer gehen lassen. Für mich brach eine Welt zusammen.

Im Zuge der Beerdigung suchte ich Omas Heirats-urkunden heraus. Von den ersten beiden Männern fand ich sie, nur von der dritten Hochzeit nicht. Das Bestattungsinstitut regelte damals alles übers Standesamt vor Ort. Die Standesbeamtin sprach mir daraufhin ihr Beileid aus und klärte mich auf: „Ihr Stiefopa ist am 3. Mai dieses Jahres verstorben." Interessant, dachte ich mir. Er war also ein halbes Jahr vor meiner Oma gestorben, aber wir hatten keinerlei Information darüber bekommen. Weder ich als Wohnungseigentümerin noch meine Oma als Ehefrau. Es war erstaunlich, dass sein Sohn uns nicht informiert hatte, er hatte meine Telefon-nummer. Immer wieder schaute er auch in meinen Whatsapp-Status, das konnte ich sehen.

Hätte meine Oma gewusst, dass ihr Mann bereits gestorben war, wären ihre letzten Monate viel-leicht anders verlaufen? Alle hatten sich immerzu gefragt: Weshalb lässt sie bloß nicht los vom Leben? Ich erkundigte mich mehrmals bei ihr, ob sie mit ihm noch ein Gespräch führen wolle. „Nein, das Thema ist durch für mich", erklärte sie. Omas Schwägerin scherzte mal: „Oma möchte nicht, dass ihr Mann ihre gute Rente bekommt. Deswegen kämpft sie." Hätte sie gewusst, dass auch er schon gegangen war – hätte sie unter Umständen eher losgelassen? Oder sich vielleicht auch nochmal richtig aufgerafft? Ich weiß es nicht.

Gipfelwanderung

Mein Mann hält sich bewusst aus vielem raus, was meine Familie betrifft. Deshalb behalte ich einiges für mich, ich würde unser System damit zu sehr belasten. Die Familie meines Mannes lebt weit entfernt, da bekommen wir vieles nicht mit. Auch seine Mama ist vor einigen Jahren an den Folgen von Brustkrebs gestorben. Joris war damals klein, ihn hat das alles sehr mitgenommen, zumal sein bester Freund aus Kindertagen zeitgleich an einem Hirntumor, der nicht operiert werden konnte, tödlich erkrankte. Seitdem ist unser Sohn in Berührung mit schwerer Krankheit und mit dem Tod, es hat immer zu seinem Leben gehört. Er spricht nicht gern darüber, er ist jemand, der alles mit sich ausmacht. Und auch mein Mann regelt die Dinge lieber mit sich.

Raik und ich haben eine wirklich schwere Zeit hinter uns. Als 2018 das Ergebnis des Gentests vorlag und ich die Folgeentscheidungen treffen musste, postete ich viel von dem, was mir widerfuhr, und bekam lebhafte Reaktionen darauf. All diese Kontakte trugen mich durch die schwere Phase. Raik fühlte sich ausgeschlossen, und es gab in dieser Zeit einen Moment zwischen uns, der für mich vieles in Frage stellte. Tatsächlich bin ich daraufhin in Schweigen verfallen und habe kaum noch mit meinem Mann gesprochen. Zum ersten Arztgespräch kam er mit, alles Weitere habe ich im Vorfeld der OPs mit meiner Mama oder mit mir alleine ausgemacht. Mir war klar: Ich hätte Raik gern dabei! Zugleich war ich von dem, was sich zwischen uns ereignet hatte, so verletzt, dass ich es mir nicht vorstellen konnte.

Natürlich stand Raik während der vielen OPs hinter mir und besuchte mich täglich im Krankenhaus, aber auch da war es uns nicht möglich, offen miteinander zu reden. Dieses Beziehungsdilemma legte sich auf die gesundheitliche und psychische Belastung obendrauf. Wir ließen uns nach außen nicht anmerken, dass irgendetwas nicht stimmte. Für unser Umfeld waren wir weiterhin die glückliche Familie.

2019 rafften wir uns wieder zusammen, es war eigentlich ein ganz gutes Jahr. Als dann die Situation mit meiner Mama ernst und akut wurde, war ich Tag und Nacht auf Abruf, immer war mein Handy angeschaltet, auch wenn ich im Bett lag. Und natürlich belastete auch das Raik und Joris. Andererseits hatte ich Raik während der Erkrankung seiner Mama unterstützt, hatte ihn ermuntert, sich eine Auszeit zu nehmen, und ihn von allem Häuslichen befreit. Er war sechs Wochen bei seinen Eltern gewesen und hatte seine Mutter tatsächlich gut bis zur Sterbeschwelle begleitet. Ich hatte die Hoffnung, dass er meine Situation deswegen nachvollziehen könne.

Am 20. März 2020 feierte ich meinen vierzigsten Geburtstag – es war kurz nach Mamas Tod –, und ich bekam von meiner ganzen Familie keine Geschenke. Ja, es stimmt, wir hatten grundsätzlich verabredet, uns nichts zu schenken. Und trotzdem war ich enttäuscht, ich war traurig. Ich hatte diesmal andere Erwartungen gehabt, und sie erfüllten sich nicht. Es war eine dieser Phasen, in denen ich alles in Frage stellte: Ich hatte meine OPs gemeistert, ich hatte meine Mama bis zu ihrem Tod begleitet, es war alles viel gewesen. Jetzt wollte ich feiern – und auch gefeiert werden. Als sich meine Hoffnung nicht einlöste, verfiel ich wieder in mein Schweigen.

Aufgrund von diesen unausgesprochenen Missverständnissen lag jahrelang ein Schatten auf unserer Beziehung. Ausgerechnet, während ich durch meine Krankheit emotional und körperlich so extrem gefordert war. Das hat es doppelt schwer gemacht. Sich nicht nahe sein zu dürfen in Momenten, in denen man es eigentlich am allermeisten bräuchte, ist hart. Ich kann mich noch gut an eine Situation erinnern, als ich im Sommer 2020 von einer Untersuchung zurückkam und mir aufgrund meines stark schmerzenden Beines gesagt worden war, dass ich schwerkrank sei und sofort in die Notaufnahme müsse. Ich hätte weinen können – und wollte zugleich nicht von Raik in den Arm genommen werden. Ich habe ihn regelrecht weggestoßen, ich konnte nicht anders.

Wie sollte es mit uns bloß weitergehen? Ich nahm mir ein Herz und bat Raik, unsere Zukunft gemeinsam zu besprechen. Endlich kam der Moment, in dem sich unsere Münder öffneten und wir uns einander mitteilen konnten. Wie das immer so ist mit solchen Situationen: Es waren Missverständnisse, die geschwelt hatten, es waren Emotionen – ausgehend von diesem einen Moment, der mich tief verunsichert hatte – und vieles davon klärte sich im Verlaufe dieses Abends auf. Die Wochen des Wartens auf das Ergebnis meines Gentests und die Schritte, die sich anschlossen, waren eine Zeit gewesen, in der sich alles um mich gedreht hatte. Alle hatten mich ständig gefragt, wie es mir ginge, ob ich etwas bräuchte – und keiner hatte sich danach erkundigt, wie sich Raik mit diesen lebensumwälzenden Neuigkeiten fühlte. Das wurde jetzt offenbar.

Das ganze komplexe Geschehen der letzten Jahre konnten wir mit einem Mal ansehen und begreifen, die verworrenen Fäden rollten sich auf – und wir staunten. Im Nachhinein schien es absurd, dass dieser eine extrem schmerzhafte Moment so viel Missverstehen nach sich gezogen und zu so viel Schweigen, zu so viel Distanz, zu so viel Unverständnis zwischen uns geführt hatte. Darüber hinaus hatten wir beide ein schlechtes Gewissen gehabt und völlig unnützerweise auf Dinge verzichtet, die uns gutgetan hätten: beispielsweise darauf, vertraute Menschen zu treffen und uns bei ihnen auszusprechen, wenn der jeweils andere währenddessen zuhause saß.

Inzwischen haben wir für solche Fälle, in denen es für uns beide unmöglich scheint zu reden, vereinbart, uns zu schreiben. Das ist gut. Oft merken wir dann, wie wir völlig selbstverständlich von unterschiedlichen Voraussetzungen ausgegangen sind. Für mich sind häufig Dinge glasklar, auf die Raik gar nicht kommen würde. Und dann ist bei mir die Enttäuschung vorprogrammiert.

Zum Glück fanden wir unser Einvernehmen wieder, kurz bevor meine Krebsdiagnose mich erschütterte. Ich bin unendlich dankbar, dass Raik seit unserer Rückkehr aus Norwegen so nah an meiner Seite steht. Das Leben zwang uns sozusagen, reinen Tisch zu machen, und schenkte mir kurz vor knapp eine Einigkeit mit meinem Mann, die ich – und wir alle – bitternötig brauche.

Raik und ich reisen beide für unser Leben gern, und diese Kreuzfahrt mit der AIDA war wirklich ein Highlight. An einem der letzten Tage unternahmen wir zu zweit einen Ausflug auf das berühmte Felsplateau Preikestolen. Wir hatten uns entschieden, uns nicht der geführten Tour anzuschließen, sondern den Aufstieg auf eigene Faust zu wagen – und wir genossen es ungemein. Der etwa sechshundert Meter hohe Gipfel ist wie eine Zunge geformt, die in eine Schlucht hineinragt. Uns empfingen blauer Himmel, Sonne und klare Luft, es war eiskalt – ein Wetter wie aus dem Bilderbuch. Dadurch konnten wir die unglaubliche Weite um uns herum noch stärker wahrnehmen. Zugleich war es sehr stürmisch, wir mussten beim Fotografieren gut auf uns aufpassen. Raik gab mir klare Order: „Da vorne gehst du nicht hin!" Einmal bekam ich eine Windböe voll ab, als ich an der Kante posierte und die Arme weit ausbreitete.

Es war gigantisch, ich spürte den Kitzel bis in die Haarspitzen, ich fühlte mich unglaublich frei. Angesichts dieses Glücks schoss mir mein Albtraum in den Kopf, und ich ermahnte mich innerlich: Jetzt musst du was ändern, Mareike! Du musst jetzt wirklich an dich denken! Wenn wir nach Hause kommen, wird gleich der nächste Urlaub gebucht! Wir kommen wieder hierher! Du musst deine Ziele und Wünsche verwirklichen, du darfst nicht alles auf die lange Bank schieben!

Insgesamt hatten wir sechs Stunden Zeit auf dem Plateau. Das hörte sich viel an, aber als wir oben ankamen, hieß es nach knapp zwanzig Minuten den Rückweg anzutreten. An Wegstellen, die noch keine Sonne bekommen hatten, war der Untergrund recht glatt, wir mussten höllisch aufpassen, um nicht abzurutschen. Teilweise war es wirklich lebensmüde, was wir veranstalteten. Dann plötzlich wurde das Gelände flach und war bewachsen wie in der Lüneburger Heide oder auf Dünenwegen an der deutschen Nordsee, bevor der Weg dahinter wieder steil anstieg. Diese Stunden in der Natur haben Raik und mich tief verbunden, und ich wünsche mir von Herzen, dass unser gemeinsamer Weg sich so glücklich fortsetzt.

Seit ich 2018 die Diagnose bekommen und die Entwicklung bei meiner Mama so intensiv mitbekommen habe, bin ich jemand, der hautnah erleben möchte. Ich sage mir: Ich lebe nur einmal! Ich möchte die Welt erkunden! Mein Mann hingegen lebt eher für die Zukunft. Er ist gern zuhause, er würde eher sparen, er ist der Meinung: Man weiß ja nie, was kommt!

Am letzten Abend der Kreuzfahrt gingen wir zu zweit im Brauhaus an Bord essen. Ich wurde mit einem Mal ganz nachdenklich. Mir schossen Situationen mit Mama durch den Kopf, mein Traum von ihr und meiner Oma war wieder sehr gegenwärtig. Raik nahm ein Foto von mir auf, und ich weiß im Nachhinein nicht, ob das Leben mir da schon sagen wollte: „Mareike, pass auf, dir wird in den nächsten Monaten das Schlimmste passieren, was passieren kann!" Es war zwei Tage, bevor mein Körper anfing, verrückt zu spielen. Als hätte etwas in mir es schon gewusst.

So erweist sich der Weg mit meiner Krankheit als Reise auf vielen Ebenen – eben auch in der Beziehung. In allen Lebensbereichen fordert diese Ausnahmesituation ein Umlernen, damit ich nicht nur überleben, sondern gesund weiterleben kann. Und damit wir als Familie alle miteinander glücklich sind. Die vergangenen sechs Jahre haben uns alle sehr geprägt. Raik war schon immer sehr ruhig, eher introvertiert. Ich habe das Gefühl, das hat sich verstärkt. Er versucht, uns und sich noch mehr nach außen zu schützen. Er erzählt anderen Menschen möglichst wenig, seine Freunde trifft er sehr selten allein. Wenn ich ihn dazu ermuntere, sich mit seinen zwei engsten Kumpeln Marc und Henning zu verabreden, sagt er mir: „Mareike, ich bin lieber mit dir zusammen." Ich verhalte mich anders, ich gehe gerne raus. Ich treffe mich regelmäßig mit meinen Mädels. Ich war immer diejenige in unserer Beziehung, die nach außen ging.

Raik hat am 11. März Geburtstag, neun Tage vor mir, und ich hatte ganz stark die Situation von 2018 vor Augen, als mein Gentest mich und das gesamte Umfeld so sehr beschäftigte, dass Raik sich im Stich gelassen fühlte. Jetzt waren die äußeren Umstände wieder ähnlich, und ich wollte auf keinen Fall, dass es sich für ihn wieder annähernd genauso anfühlte. Spontan lud ich unseren engsten Freundeskreis zur Überraschungsparty für ihn ein: „Ich möchte, dass Raik im Mittelpunkt steht!", stellte ich klar, „ich bin außen vor." Und es kamen wirklich alle, selbst sein bester Freund Marc, der eine lange Anfahrt aus Hamburg hat. Zuerst war Raik überrascht, dann konnte er sein Geburtstagsfest sehr genießen. Es war ein Geschenk, so von unseren Liebsten umgeben zu sein und zu spüren: Wir haben einen wirklich unbezahlbaren Freundeskreis um uns herum! Das liegt unter anderem daran, dass ich immer in der Umgebung gelebt habe.

Meine beste Freundin Annekatrin kenne ich seit der ersten Klasse. Wir hatten zwischendurch Phasen mit weniger Kontakt, wussten aber immer: Wenn was ist, können wir uns gegenseitig aufeinander verlassen und uns sogar nachts anrufen. Die augenblickliche Situation schweißt uns wieder sehr zusammen. Dann gibt es meine Haddorfer Deerns, meine Mädelsrunde mit vielen tollen Frauen aus unserem Dorf. Diese Gruppe hat sich immer mehr erweitert, jede brachte immer noch eine Freundin mit, sodass wir jetzt schon über zwanzig Deerns sind. Und auch gemeinsam mit unseren Männern unternehmen wir viel, oft im Garten beim Grillen. Wir Mädels versuchen, uns einmal im Monat reihum zu treffen, immer am Donnerstag. Meist sitzen wir zusammen beim Fingerfood.

Auch nach meiner ersten Chemo war abends unser Mädels-Donnerstag. Mir war schrecklich übel, aber ich wollte mich wenigstens kurz blicken lassen. Ich ließ mich von allen einmal richtig knuddeln, und wir machten ein Gruppenbild. „Ich möchte euch alle zusammenhaben", war mein Wunsch. Ich setzte mich auf einen Stuhl, meine Mädels standen um mich herum. Es war gut für mich zu spüren: Ich habe sie alle hinter mir! Das Bild ist inzwischen unser Profilbild im Gruppenchat. Nach einer halben Stunde schwanden meine Kräfte, ich hielt es nicht mehr aus und ging heim. Einige Male musste ich später wegen der Chemo absagen. Jetzt, am 25. April, kommen alle zu mir, um das Ende meiner Chemo zu feiern, das nächste „Etappenziel".

Wenn bei mir gesundheitlich alles überstanden ist, werden wir ein großes Gartenfest bei uns geben und alle meine Lieblingsmenschen einladen.

Grenzgang

Der Tod meiner Oma hatte mich 2022 völlig aus der Bahn geworfen. Jetzt kommt meine Diagnose aus dem November 2023 noch obendrauf. Ich frage mich, wo das alles hinführen soll, und hoffe sehr, dass es mir eines Tages gelingt, mich aus diesem Dilemma zu befreien. Denn irgendwann kann auch ich nicht mehr.

Zugleich glaube ich, gesund werden zu müssen, weil die anderen gar nicht ohne mich können. Das ist fest in meinem Kopf verankert, kein anderer Gedanke hat Platz. Mein Sohn steht dabei immer an erster Stelle, wenn ich Befunde oder Prognosen bekomme. „Wie viel Zeit habe ich noch mit Joris, mit Raik und unserem Hund Timmy?", schießt mir in solchen Situationen durch den Kopf, „mit Mirco und meinem Papa ... und mit meinen Freunden?"

Viele sagen zu mir: „Mareike, melde dich, wenn du was brauchst. Sag Bescheid, wenn ich was einkaufen soll für dich oder wenn wir dich irgendwo hinfahren sollen!" Das Problem ist: Ich nehme es nicht an. Ich melde mich nicht. Im Zweifelsfall frage ich Raik am Abend, auch wenn es viel einfacher gewesen wäre, eine Freundin anzusprechen, die sowieso einkaufen fährt. Es ist nach wie vor so: Ich weiß, dass ich schwach bin, aber ich kann es nicht zeigen. Ich will es auch nicht zeigen. Das beste Beispiel war meine Geburtstagsfeier: Ich hatte am Samstag für neunzehn Uhr eingeladen. Verwandte, die etwa zwei Stunden entfernt leben, sagten, der Abend sei ihnen zu spät, sie würden vormittags kommen wollen. Raik gab zu bedenken, dass es ein langer Tag für mich würde, dass ich mich ausruhen sollte, bevor die Gäste kämen, dass es viel zu viel werde. Ich aber wollte es möglich machen, weil wir diese lieben Menschen so lange nicht gesehen hatten. Ich kochte Mittagessen, backte Kuchen und saß von elf Uhr morgens bis gegen Abend mit ihnen zusammen. Es gab keine Pause, in der ich mich hätte hinlegen können. Das nahm ich in Kauf, ich versuchte, das Positive an der Situation zu genießen. Ich wollte nicht, dass sie traurig oder böse auf mich wären oder dass die Familie auseinanderbricht, wenn ich drauf beharren würde, dass die Feier abends stattfände. Dieser Zusammenhalt ist mir das Wichtigste, dafür möchte ich unter allen Umständen sorgen. Raik redete mir ins Gewissen: „Das geht nicht! Du musst lernen, Nein zu sagen." Er behielt recht – am nächsten

Tag war ich natürlich völlig fertig. Durch die schwere Krankheit wird mir vor Augen geführt, wie absurd ich mich häufig verhalte, wenn ich alles auf meine Schultern nehme und noch nicht einmal aussteige, wenn ich eigentlich längst nicht mehr kann.

Auch mein Versuch, mit dem Joggen zu beginnen, als meine Mama 2020 gestorben war und ich völlig in den Seilen hing, illustriert den Wahnsinn, den ich betreibe. Zwei, drei Wochen rannte ich jeden Tag und hatte das Gefühl, es tat mir wirklich gut. Von null auf hundert, vorher war ich nie gelaufen. Natürlich bekam ich Schmerzen. Ich dachte, es seien Muskelschmerzen, das hieß für mich: Zähne zusammenbeißen und weitermachen! Es war kurz vor den Sommerferien, und als wir wieder auf Usedom Urlaub machten, konnte ich noch nicht einmal mehr laufen. Noch bevor wir nach unserer Rückkehr zuhause auspackten, fuhr ich in die Klinik, um ein MRT machen zu lassen. Den Termin hatte ich von Usedom aus bei einem befreundeten Arzt organisiert. Es war ein Freitag. Als ich zur Besprechung des Bildes ins Arztzimmer gerufen wurde, schaute er mich mit ernster Miene an: „Ich habe eine gute und eine schlechte Nachricht für dich. Die gute Nachricht ist: Du hast keinen Knochenkrebs." Ich lachte: An so etwas hatte ich im Traum nicht gedacht! „Die schlechte Nachricht ist: Du bist schwerkrank und musst sofort operiert und stationär versorgt werden."

Ich saß da und dachte: Was geht denn jetzt ab? Er zeigte mir das Bild meines Beines, darauf war das gesamte Schienbein weiß. Es stand im Raum, dass ich womöglich Bakterien im Körper habe, die gerade dabei wären, meinen Knochen aufzufressen. Der befreundete Arzt reservierte gleich einen OP-Tisch für mich. „Du fährst direkt von hier dorthin", wies er mich an. „Das geht nicht", intervenierte ich, „ich muss erst nach Hause, ich muss kurz zu Oma, ich muss zu Papa." „Nein", beharrte er, „du fährst nirgendwohin." Ich ging meinen eigenen Weg und besuchte Oma im Heim, sie sollte mich wenigstens kurz sehen. Dann schaute ich bei meinem Papa und meinem Bruder vorbei: „Wie es aussieht", verklickerte ich ihnen, „bin ich ernsthaft krank und werde die nächsten Wochen nicht zuhause sein. Ich weiß nicht, wann und ob ich wiederkomme. Der Arzt sagt: Das wird lange dauern! Also zeige ich euch jetzt, wie die Waschmaschine funktioniert." Ich stellte die beiden vor vollendete Tatsachen. Mein Bruder hatte – genau wie ich – sofort das schlimmste Szenario vor Augen und googelte, was es sein könnte.

Raik fuhr mich in die Klinik. Ich stellte dort klar, dass ich mich nicht krank fühlte. Dass ich außer den Schmerzen im Bein keinerlei Symptome habe. Ich betonte: „Das kommt vom Joggen!" „Nein", hieß es, „das, was auf dem Bild zu sehen ist, kann nicht vom Joggen kommen. So einen Befund haben nicht einmal Hochleistungssportler." Sie überlegten, welchen Knochen sie zuerst aufbohren sollten, parallel wurde der OP-Saal hergerichtet. Ich versuchte zu bremsen: „Nehmt doch erstmal Blut ab und schaut nach, ob ich wirklich krank bin. Vielleicht stimmt einfach etwas mit meinem Bein nicht."

Das Ende vom Lied war, dass ich für kerngesund befunden wurde und mir einfach durch das viele Joggen eine Knochenhautentzündung im gesamten Schienbein zugezogen hatte. Das Spannende ist: Unter der Chemo habe ich genau dort wieder Schmerzen. Ich war mal wieder meilenweit über meine eigenen Grenzen gegangen und hatte mich selbst nicht mehr gespürt. Kleinlaut fragte ich: „Darf ich jetzt wieder nach Hause?", und bekam die Genehmigung. Ich musste mich vier Wochen schonen und das Bein hochlegen. Jeder, der mich kennt, weiß, dass Geduld nicht gerade meine Paradedisziplin ist.

Mein Bruder und mein Papa freuten sich, dass ich wieder da war. Und das mit dem Wäschewaschen blieb von dem Tag an in ihrer Hand. Es brauchte offensichtlich ein Drama, sonst hätte ich ihnen auch das weiterhin abgenommen.

Mein Herz

Mein Kopf kann das Muster schwer loslassen, für andere da sein zu wollen. Was mein eigenes Herz will, spüre ich nicht wirklich. Gab es Zeiten in meinem Leben, in denen ich wusste, was meins ist? Ich glaube nicht. Schon als Jugendliche war mir nicht wirklich klar, wo es hingehen sollte. Ich hatte eher das Gefühl, vom Außen, von den anderen bestimmt zu sein. Meinen Beruf als Industriekauffrau ergriff ich, weil es für mich das Einfachste war. Ich hatte mich nach einem Praktikum bei unserem Tageblatt für die Ausbildung beworben, bekam die Zusage und begann dort. Es war der leichteste Weg, es hatte sich ergeben.

Meine Pubertät war nicht einfach für meine Eltern und mich. Mein Papa mochte meinen ersten Freund, meine damals große Liebe, nicht. Als ich achtzehn wurde, zog ich zuhause aus und mit Matthias zusammen. Das führte zur kompletten Funkstille zwischen meinen Eltern und mir, zwei Jahre lang sprachen wir uns nicht. Ich hatte mir diesen jungen

Mann bewusst gewählt. Ich wollte ihn haben! Sollte ich benennen, was mich an ihm gereizt hat, würde ich sagen: das Starke und zugleich Dunkle. Im Nachhinein muss ich meinen Eltern recht geben: Er hatte es faustdick hinter den Ohren! Alle wussten, dass mich niemand ansprechen durfte, ohne Ärger mit Matthias zu riskieren. Er lebte in einem Wohngebiet mit Aussiedlern und Gastarbeitern, kein Einheimischer traute sich nachts durch die Gassen, ich aber hatte nichts zu befürchten, ich wusste: Mich fasst hier keiner an! Auf diese Weise von einem starken Mann beschützt zu werden faszinierte mich. Dazu kam, dass ihn alle Mädchen toll fanden – und ich habe ihn gekriegt. Er war charmant, er hatte Kraft. Natürlich war das der Gegenentwurf zu dem, was ich von zuhause kannte. Ich war damals vierzehn Jahre alt, ich wollte mich abgrenzen. Mit meinem Vater hatte ich nie ein rosiges Verhältnis gehabt.

Matthias und ich blieben lange zusammen, es war eine sehr schöne und auch prägende Zeit für mich. Irgendwann hatte ich das Gefühl, ich würde an seiner Seite nicht mehr glücklich sein, und wir trennten uns.

Mit der Familie von Matthias habe ich bis heute Kontakt. Nachdem meine Krankheit bekannt wurde, nahm er über seine Cousine Kontakt zu mir auf und wünschte mir alles Gute. Ich sei immer eine starke Persönlichkeit gewesen – und ich würde den Krebs besiegen, waren seine Worte. Ich war erstaunt, damit hatte ich nach so langer Zeit nicht gerechnet.

Damals wechselte ich anderthalb Jahre nach Abschluss meiner Lehrzeit zu einem Logistikunternehmen und lernte dort den Mann kennen, mit dem ich heute verheiratet bin. Wir arbeiteten fast ein Jahr zusammen, bis wir uns das erste Mal trafen, von dem Tag an waren Raik und ich mehr oder weniger unzertrennlich. Danach ergab sich alles Weitere. Ich zog zu ihm nach Hamburg, ein halbes Jahr später merkte ich: Das ist nicht meine Stadt, und sagte: „Sorry, ich fühle mich in Hamburg nicht wohl. Entweder du kommst mit mir in meine Heimat, oder wir gehen getrennte Wege." „Na", sagte Raik, „dann komme ich mit zu dir." Wir zogen in die Wohnung meiner Eltern im Haus meiner Oma, die wir später selbst übernahmen. Von dort pendelte er über zwanzig Jahre nach Hamburg zum Arbeiten, bis er vor drei Jahren Richtung Zeven wechselte. Ich selbst blieb bis zur Geburt unseres Sohnes in der Datenerfassung im selben Logistikunternehmen, zum Schluss als Teamleiterin. Dann ging ich in die Elternzeit. Als ich beruflich wieder einsteigen wollte, kamen mein Arbeitgeber und ich nicht auf einen Nenner, was die Arbeitszeiten betraf. Ich sollte jeden Tag präsent sein, hätte aber lieber drei volle Tage gearbeitet, weil die Anfahrt jeweils sehr lang war. So trennte ich mich von diesem Unternehmen und fing unter dem Dach einer Zeitarbeitsfirma im näheren Umfeld an. Dort in der Organisation für die Leiharbeitskräfte in der Flugbranche zu wirken, brachte mir viele Jahre großen Spaß. Als die Firma verkauft wurde, ging es an anderer Stelle im Personalbereich weiter.

Dann kam die Anfrage von der Tagespflege, und ich entschied mich, dort einzusteigen. Einmal die Woche ging ich abends zum Unterricht, um eine entsprechende Qualifikation zu erwerben. Für fast ein Jahr übernahm ich die Position im Schulhort, die mir angeboten worden war, dann sprach mich eine Mama an: „Mareike, könntest du dir vorstellen, unser sechs Monate altes Baby zwei oder drei Tage in der Woche zu betreuen?" Ich reagierte spontan: „Nein, mit so Kleinen kann ich mir das nicht vorstellen! Meiner ist gerade aus dem Gröbsten raus." Wir redeten, und ich merkte, wie ich mein Nein nicht mehr aufrechterhalten konnte. Wieder rutschte ich quasi en passant in eine verantwortungsvolle Aufgabe hinein, die ich dann jahrelang mit viel Herzblut ausfüllte.

Irgendwann aber stimmten die Umstände für mich nicht mehr, ich beschloss 2021, als Tagesmutter aufzuhören. Das Jahr 2018 hatte mich geprägt: Ich war selbständig gewesen, als ich meine Diagnose bekam, dadurch fiel ein komplettes Gehalt für uns weg. Ich bekam kein Krankengeld, wir mussten von jetzt auf gleich mit dem Gehalt meines Mannes auskommen. Das erste Jahr überbrückten wir, indem wir unseren Bausparvertrag auflösten. Dann wollte ich vorsorgen, damit mir so etwas nicht noch einmal passierte. Dazu kam, dass ich merkte, wie sehr die Ansprüche der Eltern an uns Tagesmütter stetig stiegen, zugleich gab es die Corona-Lockdowns, in denen die Kinder nicht kamen und ich wieder nichts verdiente. Ich wollte mich absichern und beschloss, mir wieder eine feste Anstellung zu suchen. Bei zwei Zahnärzten bewarb ich mich, beide wollten mich haben. Im Nachhinein zeigte sich: Es war die beste Entscheidung, die ich treffen konnte. Damals hatte ich nicht ahnen können, was mir gesundheitlich widerfahren würde.

Ich begann mit dreißig Stunden, nach einem halben Jahr merkte ich, dass es zu viel war, denn nebenbei besuchte ich meine Oma jeden Tag und sorgte für sie. Zuerst reduzierte ich auf fünfundzwanzig Stunden, aber auch das war noch zu viel. Zum 1. Januar 2023 ging ich auf zwanzig Stunden, die ich an vier Tagen in der Woche leistete, damit fühlte ich mich wohl. Einige Zeit, nachdem meine Oma dann gestorben war, begann ich zusätzlich beim Sozialdienst in ihrem Pflegeheim zu arbeiten. Nach ihrem Tod hatte ich das Heim zuerst nicht mehr betreten, ich konnte es nicht. Nun sah ich, dass jemand für diese Stelle gesucht wurde, und näherte mich wieder an. Die Leitung stellte mich sofort ein.

Beim Zahnarzt genoss ich den Umgang mit den Patienten. Sie mochten mich, ich war bei allen sehr beliebt. Die Arbeit beim Sozialdienst war eine gute Ergänzung. Meist war ich dort an den Wochenenden eingesetzt. Ich war in der Einzelbetreuung für all diejenigen zuständig, die nicht mehr selbst zum Essen gehen konnten, die im Rollstuhl saßen oder bettlägerig waren. Ihnen las ich vor oder spielte mit ihnen. Manchmal saß ich auch mit jemandem da und hielt einfach nur seine Hand, all das war mir durch die Begleitung meiner Oma sehr vertraut. Allerdings weiß ich im Moment nicht, ob ich wieder hingehen kann. Zu sehr bin ich dort mit dem Thema Tod konfrontiert, das durch meine Erkrankung eine ständige Präsenz hat. Und ich merke, es gibt im Heim Menschen, die mir sehr ans Herz wachsen. Es würde mir schrecklich zusetzen, von so jemandem Abschied nehmen zu müssen. Das ist durch die vielen Verluste der vergangenen Jahre schwerer geworden für mich. Ich muss aufpassen, das alles nicht zu nah an mich heranzulassen.

Beide Arbeitsplätze fülle ich wirklich gern aus. Zugleich zieht es mich zu meinen Wurzeln in die Grundschule, ich kann mir gut vorstellen, dort als pädagogische Mitarbeiterin im Unterricht und auch im Hort mitzuwirken. Es ruft mich regelrecht dorthin, ist sehr in meinem Fokus. Unsere Schule vor Ort wird 2026 zur Ganztagsschule umstrukturiert. Dort als pädagogische Mitarbeiterin mitwirken zu können, wäre für mich der Jackpot. Es macht mich fertig, zuhause zu sitzen und nichts zu tun. Ich habe einfach zu viel Zeit für mich, ich komme zu viel ins Nachdenken. Momentan sind meine Kräfte noch nicht entsprechend da, das wird mir jeden Tag deutlich. Wenn ich versuche zu bügeln, brauche ich vier, fünf Stunden, so häufig muss ich Pause machen. Diese Pausen nehme ich mir, ich mache ungewohnt langsam. Auch das versuche ich zu lernen. Ich versuche, auf meinen Körper zu hören. Wenn er sagt: „Es geht nicht mehr", dann geht es nicht. Und es gibt Tage, da liege ich den ganzen Tag auf dem Sofa, weil nichts geht.

Mein Kopf kann es noch nicht akzeptieren, auch wenn alle anderen sagen: „Es ist so. Lass es doch sein!" Meine Familie weiß, dass ich alles für sie tue, soweit es in meiner Kraft steht.

III   Bullshit-Bingo

Im falschen Film

Einen Tag nach unserer Kreuzfahrt hatte mein Körper die bemerkenswerten Symptome produziert, die kein Arzt erklären konnte, zwei Tage später lag ich abends mit meinem Mann auf dem Sofa vorm Fernseher, als ich auf einmal einen heftig stechenden Schmerz in meiner linken Brust spürte. Ich begann zu tasten – und spürte einen kleinen Knoten. Auch Raik konnte ihn fühlen, er beruhigte mich: „Das kann ja nichts Schlimmes sein!" Am nächsten Morgen rief ich bei meiner Hausärztin an, die mich direkt an die Frauenärztin verwies. Ich kam davon ab, sofort einen Termin dort zu machen, die Wäsche stand an, und eine Nachbarin kam zu Besuch. Bis ich wieder daran dachte, hatte die gynäkologische Praxis zu. Da meine Entdeckung mir aber keine Ruhe ließ, entschied ich mich, in die zentrale Notaufnahme unseres städtischen Krankenhauses zu fahren. Der Arzt, der mich untersuchte, spürte die Verdickung, auch er beruhigte mich: Wahrscheinlich sei es ein Lymphknoten. Ich hätte mir bestimmt einen Infekt auf der AIDA eingefangen. „Machen Sie sich keine

Gedanken", riet er mir. Vorsichtshalber schickte er mich zum Kontroll-Ultraschall auf die Station. Beide Ärztinnen dort versicherten mir, sie würden nichts sehen. Als ich meine Geschichte einschließlich der anstehenden OP zur prophylaktischen Entfernung meiner Eierstöcke erzählte, entließen sie mich mit den Worten: „Das ist wahrscheinlich eine Kopfsache bei Ihnen."

Ich saß eine Woche lang zuhause, ging wieder arbeiten und versuchte mir selbst gut zuzureden: Mareike, du bildest dir das nur ein! Eine Woche später saß ich morgens um acht bei meiner Frauenärztin, weil die Schmerzen immer stärker wurden. Sie ertastete den Knoten sofort und sah ihn auch deutlich im Ultraschall. „Das kann nichts Schlimmes sein", meinte auch sie. „Sie haben ja alles entfernen lassen, es ist kein Gewebe mehr da, Frau Henning. Zur Abklärung vereinbaren wir noch einen Termin im Brustzentrum, dann sind wir alle beruhigt." Den bekam ich am darauffolgenden Montag. Auch dort hieß es zuerst: „Mareike, das kann nach deiner Mastektomie nichts Ernstes sein." Die Radiologin, die den Ultraschall machte, fragte mich, wann ich das letzte Mal zur Mammographie gewesen sei. „Das ist ewig her", sagte ich. „Im vergangenen Sommer hieß es, das sei nicht nötig, weil kein Brustgewebe mehr da sei. Deswegen wurde damals nur ein Ultraschall gemacht." Sie schüttelte den Kopf: „Es sieht nicht gut aus. Wissen Sie, ich mache meinen Job schon zu lange, als dass ich sagen würde, dass dieser Befund etwas Gutartiges ist. Vielleicht haben Sie Glück, es ist eine leichte Form, und Sie kommen mit einer OP und ein paar Bestrahlungen davon. Wir machen eine Mammographie von beiden Brüsten." Ich lag da und dachte: Das ist jetzt ein sehr, sehr schlechter Scherz! Und es kam noch schlimmer. Nach der Untersuchung hieß es: „Wir würden gern eine Biopsie vom Knoten und auch von einem Lymphknoten machen. Um ehrlich zu sein: Es geht nur noch darum, um welche Art von Krebs es sich handelt – und ob er schon gestreut hat."

Mir schossen endlose Fragen in den Kopf: Wie viel Zeit wird mir noch mit Joris bleiben? Mit Raik? Mit meiner Familie? Mit meinen Freunden?

Dann wurde ich wütend und dachte: Was mache ich mit den Ärzten, die mir damals das Brustgewebe entfernt und offensichtlich etwas übersehen haben? Die mir nicht mitgeteilt haben, dass auf beiden Seiten der Brust noch Restbrustgewebe vorhanden war, wie sich jetzt herausstellte? Die nicht hingehört hatten, als ich immer wieder monierte, dass es mir besonders an der linken Seite der Brust zu viel sei? Die nach den OPs kein Kontroll-MRT gemacht hatten, das nach einer Mastektomie eigentlich zum Standard gehört?

Zwischen der Entdeckung des kleinen Knotens in meiner linken Brust und dem Entnehmen der Gewebeproben durch eine sogenannte Stanzbiopsie vergingen acht Tage, bis zur definitiven Diagnose noch einmal eine Woche. Eine schreckliche Woche! Es war die Hölle auf Erden. Die gesamte Krankengeschichte meiner Mutter stand mir wieder vor Augen, mein Traum, alle Stationen meiner OPs seit dem Ergebnis des Gentests, und, und, und ...

Hilfe, ich bin im falschen Film!, schrie alles in mir. Holt mich hier raus!

Das Brustzentrum hatte nach der ersten Untersuchung sofort bei meinem Chef angerufen und mich für die Zeit bis zu den Ergebnissen krankgemeldet. Es war klar, dass ich im Zustand des Bangens und Wartens nicht arbeitsfähig war. In diesen Tagen gab es einen Abend, den ich komplett im Dunkeln verbrachte. Ich lag zuhause auf dem Sofa und starrte an die Decke, es lief noch nicht einmal der Fernseher. Mein Mann war entsetzt, als er nach Hause kam:

„Das machst du nicht noch einmal, du sitzt nicht allein im Dunkeln!", schärfte er mir ein. „Entweder schaltest du den Fernseher an oder das Radio! Egal, ob du hinschaust oder -hörst oder nicht. Hauptsache, du lässt etwas laufen und kommst nicht ins Grübeln!" Und das, obwohl er selbst noch fest der Meinung war: „Das geht gut aus, das ist nichts Schlimmes!" Ob er das wirklich gedacht hatte oder mir und sich selbst einfach die Angst nehmen wollte, weiß ich nicht. Ich denke, er wollte mir Mut machen. Ich schüttelte den Kopf: „Ich merke doch, dass mit mir etwas nicht stimmt." Eine Woche später fuhr Raik mit mir ins Brustzentrum, um das Ergebnis der Biopsie zu erfahren. Die Diagnose war ernüchternd. „Was wir Ihnen mitteilen müssen, ist nicht schön. Sie haben die aggressivste Krebsform, die es gibt: Triple negativ. Der Zellteilungsfaktor liegt bei achtzig Prozent." Mir liefen die Tränen über das Gesicht: Wie lange würde ich noch leben? Wann würden mir die Haare ausfallen? „Wir müssen jetzt zuerst die weiteren Untersuchungen abwarten, Frau Henning."

MRT, CT und eine Ganzkörperknochenszintigraphie, die zeigen sollten, ob es womöglich Organ- oder Knochenmetastasen gab, wurden sofort eingeleitet. Man checkte mich von Kopf bis Fuß, ob der Krebs womöglich schon gestreut hatte. Nach dem MRT saß ich im Wartezimmer und bekam mit, welcher Aufruhr unter den Ärzten entstand: Irgendwas läuft wieder völlig schief, dachte ich. Ich wurde aufgerufen und ins Hinterzimmer geholt. „Frau Henning, wir sehen nicht nur den auffälligen Herdbefund auf der linken Seite der Brust, sondern zwei weitere auf der rechten Seite." Ich saß da und bat die Radiologin, sofort einen Termin im Krankenhaus für mich zu vereinbaren. Ich wollte mir so schnell wie möglich meine beiden rekonstruierten Brüste abnehmen lassen, hörte mir dann aber an, dass das in meiner Situation nicht der richtige Weg sei. Es hieß, man müsse den Tumor zuerst mit einer Chemotherapie einkapseln.

Meine Frauenärztin fiel aus allen Wolken, als sie von der Diagnose erfuhr. Mit meinem Triple negativ bin ich weit von einer „leichten Form" von Krebs entfernt. Also Chemo, OP, womöglich noch Bestrahlung – das volle Programm. Diese Krebsart streut erfahrungsgemäß zuerst in die Lymphknoten, dann in Lunge oder Leber. Das sind die Wege, die er sich sucht. Danach geht er in den Kopf. Von einem der Herdbefunde, die auf dem MRT sichtbar waren, wurde eine Woche später eine Biopsie gemacht. Er entpuppte sich zum Glück als unauffälliger Lymphknoten. Bei dem anderen war das nicht machbar, weil die

Gefäße, die die aufgebaute Brust durchlaufen und mit Blut versorgen, kurz vor der Thoraxwand sitzen und bei einer Biopsie womöglich verletzt würden. Deshalb wäre diese Biopsie nur unter Narkose oder mit direktem Schnitt möglich. Die Ärzte entschieden deshalb, erst einmal zu beobachten, wie der Befund sich unter der Chemotherapie entwickeln würde.

Es gibt unglaublich viele verschiedene Brustkrebsarten und darauf abgestimmt viele unterschiedliche Chemotherapien. Der Krebs wird typisiert und genauestens spezifiziert, danach werden die Medikamente für die Chemo zusammengestellt und auch entschieden, ob beispielsweise eine Hormontherapie folgt. Oft bekam ich aus meinem Umfeld zu hören: „Dir fallen die Haare bestimmt nicht aus. Warte doch erst einmal ab." Ich sagte: „Leute, jeder bekommt die individuell zugeschnittene Therapie, die er braucht. Für jeden ist die Zusammensetzung der Medikamente anders. Ich weiß, dass die Haare nach meiner ersten Chemo ausfallen werden. Die Nebenwirkung der Medikamente ist bekannt." Selbst mein bester Freund wollte mich ermutigen: „Mal doch nicht gleich den Teufel an die Wand, das wird schon nicht so schlimm!", war sein Kommentar. Danach zog er sich komplett zurück – bis heute, was mich sehr traurig und zugleich wütend macht.

Eine junge Mitpatientin nennt das auf Instagram „Bullshit-Bingo". Sie hat die Erfahrungen, die sie bei ihren zwei Krebserkrankungen im Abstand von fünf Jahren gemacht hat, in acht Glaubenssätzen zusammengefasst, von denen andere meinen, es treffe auf jeden Krebspatienten zu. Ich kann die Liste zu hundert Prozent unterschreiben.

- „Vielleicht werden die Nebenwirkungen mit jeder Chemo besser, weil der Körper sich daran gewöhnt ..."

- „Sei stark! Du bist so stark! Wenn nicht du, wer dann!"

- „Brustkrebs ist doch gut heilbar ..."

- „Hauptsache, der Krebs ist raus – die Ärztin macht dir schon wieder eine schöne Brust."

- „Die Haare wachsen doch wieder nach ..."

- „Durch die Chemo können doch neue Krebszellen entstehen ...?"

- „Der Krebs ist doch raus, warum nochmal eine Therapie?"

- „Melde dich einfach, wenn was ist!"

In meinem Umfeld erlebe ich leider auch, wie wenig die Menschen nachvollziehen können, was so eine Chemotherapie alles kaputt macht. Nicht nur die kranken, sondern auch die gesunden Zellen werden unter dieser Therapie zerstört. Auf Instagram habe ich Frauen kennengelernt, die seit drei Jahren zuhause sind, weil sie seit ihrer Chemo nicht wieder zu Kräften kommen. Das wäre für mich unvorstellbar, genauso wie es das für viele von ihnen vorher war. Die erkrankten Frauen, die ich kennenlerne, sind häufig so veranlagt, dass sie vor ihrer Diagnose hundertfünfzig Prozent gegeben haben und viel über ihre Grenzen gegangen sind, bis die Krankheit sie völlig ausgebremst hat. Sie sind gefragt, die ungesunden Muster aufzulösen, etwas anderes funktioniert gerade nicht.

Ich traf eine Entscheidung nach der nächsten. Anfang November, nach meiner Diagnose und der Planung für die Chemo, hatte ich meine langen blonden Haare auf Kinnlänge schneiden lassen, weil ich nicht wollte, dass der Übergang zu krass wird. Mit dieser Haarlänge habe ich ein Shooting in der Natur gemacht. Ich wollte meinen Weg mit dem Krebs für mich selbst dokumentieren. Die Bilder sind wunderschön geworden, auf meinem Blog „Brustkrebs-reise" sind sie zu sehen. Dort hatte ich im Status die Frage gepostet, ob mir jemand einen Fotografen empfehlen kann, und wurde geradezu bombardiert mit Vorschlägen. Zwei Orte weiter sitzt die liebe Lisa, mit der die Verbindung sofort stimmte. Wir waren so was von auf einer Wellenlänge. Ich bat sie, schrittweise zu dokumentieren, wie ich mich veränderte, wie mein Haarschnitt sich anpasste. Kurz vor Weihnachten wurde dann aus meinem kinnlangen Bob ein Pixi-Schnitt. Ich wollte nicht, dass der Krebs entscheidet, wann ich meine Haare verliere. „Das mache ich selber!", sagte ich mir. Mit meinem Pixi fanden mich alle richtig sexy. Ob ich mir vorstellen könne, dass ich auch nach meiner Erkrankung die Haare so tragen würde?

Und natürlich haben die Ärzte recht behalten, sie sprechen aus Erfahrung: Wie vorausgesagt verlor ich zwei Wochen nach der ersten Chemo alle Haare. Am 27. Dezember fuhr ich mir morgens mit der Hand über den Kopf – und hatte ein dickes Büschel in den Fingern. Das war für mich der Zeitpunkt zu sagen: So möchte ich das nicht! Einen Tag später ließ ich mir meine blonde Pracht abrasieren. Ich wollte nicht, dass Raik es macht, obwohl er es mir angeboten hatte. Er war enttäuscht, aber für mich war

es stimmiger, mich in die Hände meiner Friseurin
– die Mama von Joris' Freund – zu begeben, und ich
war glücklich, dass Raik mich begleitete.

Für mich war diese Rasur ein Ritual, in meinem Blog
auf Instagram gibt es ein Video davon. Ich habe den
ersten Schnitt gemacht, dann kamen mir die Tränen
– und Nicole setzte das Werk fort. Es war herzzerrei-
ßend. Seitdem poste ich über meine Brustkrebsreise
regelmäßig auf meinem Account bei Instagram:
mareike_brustkrebsreise

Zitterpartie

Am 12. Dezember 2023 legten die Ärzte mir meinen Port, und dann begann am 15. Dezember meine erste der vier großen Chemos. Diese starken Dosen des Kombiwirkstoffes – sogenannte ECs – bekam ich im Abstand von jeweils vierzehn Tagen, danach sollten die zwölf leichteren im wöchentlichen Rhythmus folgen. Meine Nachbarin und mittlerweile sehr gute Freundin Imke hatte mir für die dritte Chemo ein Mut-mach-Shirt mit dem Aufdruck „Du schaffst das" geplottet. Für die nachfolgenden Chemos kamen weitere Mut-Mach-Shirts mit „Kämpferherz", „Aufgeben ist keine Option", „Stronger than Cancer" dazu, und für meine letzte Chemo gab es dann ein T-Shirt mit dem Aufdruck „My last day of Chemo. It was tough, but I was tougher."

Inzwischen habe ich Frauen kennengelernt – ebenfalls mit Triple negativ –, bei denen es umgekehrt lief, zuerst die schwächeren Dosen, zum Abschluss das heftige Programm. Eine fragte ich, ob sie wisse, weshalb es bei ihr anders gehandhabt werde.

„Mein Onkologe sagt, das sei effektiver", ließ sie mich wissen. Die Unterschiede in der Einschätzung zwischen den einzelnen Ärzten oder ganzen Kliniken sind krass, das bekomme ich immer häufiger mit. Manchmal scheint es mir, als habe keiner so richtig Ahnung, als gebe es gar keine allgemein verbindliche medizinische Haltung, wie mit dem Krebs umzugehen sei. Was in der einen Klinik Standard ist, ist es in der anderen noch lange nicht. Immer wieder habe ich das Gefühl, Versuchskaninchen zu sein. Das ist total verunsichernd.

Eine Mitpatientin von mir wurde sofort gefragt, ob sie Chemo-Sport machen und ein Rezept dafür haben wolle. Ich wurde nicht gefragt. Weshalb? Woran liegt das? Genauso wurde nicht kommuniziert, weshalb ein Medikament in meiner Chemo nach wenigen Wochen abgesetzt wurde. An Absprachen mangelt es häufig. Andrea, die ich über Instagram kennenlernen durfte, riet mir: „Mareike, du musst fragen! Ich war immer eine unangenehme Patientin, es war mir egal. Ich habe alles hinterfragt. Mach das auch!" Ich tue das viel zu wenig. Ich nehme viel zu vieles einfach hin. Ich treffe viel zu selten eine Wahl zwischen mehreren Möglichkeiten, akzeptiere zu schnell das Vorgegebene und mache viel zu selten den Mund auf.

Wenn ich zu den Chemos komme, wird mir zuerst über meinen festen Port Blut abgenommen. Wenn die Blutwerte in Ordnung sind, gibt die Onkologin grünes Licht, und mein Cocktail wird in der klinikinternen Apotheke angerührt. Ich bin froh, dass ich die Chemo bisher nicht wegen Krankheit unterbrechen musste, sonst würde sich alles noch viel länger hinziehen. Zum Glück war ich den ganzen Winter über gesund. Eine Bekannte von mir musste dreimal pausieren und ist schon ewig dabei.

Dann gibt es das Thema mit den Nebenwirkungen, die man vor jeder neuen Chemo aufzählen muss. Sind die zu heftig, wird die Dosis der Medikamente reduziert. Auch davor hätte ich Angst, deshalb spreche ich kaum über Nebenwirkungen, denn womöglich würde die Ärztin dann mein anderes Medikament auch noch reduzieren, und das will ich nicht. Ich will, dass der Tumor möglichst schnell verschwindet. Lieber nehme ich deshalb meine Nebenwirkungen hin, halte meine Klappe und sage: „Alles ist gut", damit die Dosis nicht heruntergesetzt wird.

Ein sehr, sehr zierliches junges Mädchen, mit dem ich einige Male zusammensaß, wurde die letzten beiden Male ohne Chemo nach Hause geschickt, weil ihre Blutwerte nicht in Ordnung waren. Wenn sich seit der letzten Chemo zu wenige weiße Blutkörperchen neu gebildet haben und das Blutbild damit nicht ausreichend regeneriert ist, kann keine neue Chemo erfolgen. Es kam kein Arzt, um sie aufzuklären, was los war. Beim zweiten Mal weinte sie sehr darüber. Mir ging es auch nicht gut, ich dachte: Das kann jetzt nicht sein! Aber zugleich merke ich: Ich muss versuchen, mich von diesen Schicksalen abzugrenzen, ich habe mit meinem eigenen mehr als genug zu tun!

Wenn ich an den Infusionsschlauch angeschlossen werde, läuft zuerst Kortison gegen die Schmerzen durch. Donnerstags habe ich meine Chemo, am Freitag sehe ich durch das Kortison jeweils aus wie eine Feuerboje, ich bin knallrot im Gesicht. In der Nacht von Donnerstag auf Freitag kann ich nicht schlafen, so unruhig macht mich die Wirkung des Medikamentes. Ich denke dann pausenlos: „Hoffentlich ist die Nacht bald vorbei!" Ab Freitagnachmittag habe ich ein Tief, dann geht gar nichts mehr, und ich muss dringend schlafen.

Während der ersten Wochen der Chemotherapie in der onkologischen Klinik fühlte ich mich fehl am Platz, weil ich nur alte Menschen sah. Meine Freundin, die auf einer der Stationen arbeitet, erzählte mir: „Dort sieht es anders aus, dort liegen viele junge Leute." In der ambulanten Chemotherapie sitzen wir jeweils zu sechst in abgetrennten Abteilen, drei Patienten nebeneinander, Privatsphäre gleich null. Alles, was ich mit dem Pflegepersonal bespreche, bekommen die anderen fünf Patienten mit. Das ist für mich grenzwertig, sowohl, wenn es um mich geht, als auch, wenn ich die Details anderer mithören muss. Als ich meine dritte Chemo bekam, ging es mir nicht gut, meine Freundin schaute kurz bei mir vorbei. Alle um uns herum hörten mit, was wir besprochen haben. Alle fünf Mitpatienten erfuhren, was ich für Nebenwirkungen hatte. Die Dame, die mir gegenübersaß, rief mir zu: „Es wird besser. Ich habe heute meine fünfte Chemo ..." Alle fünf wurden Zeugen dessen, was ich über meine Familie erzählte. Als meine Chemo nach einigen Stunden durchgelaufen war und ich mich von allen anderen verabschiedete, sprach besagte Dame mich wieder an: „Wie alt ist dein Sohn?" „Joris wird siebzehn." „Meine Tochter wird fünf", erzählte sie daraufhin. Oha, dachte ich. Sie fuhr fort: „Was für einen Krebs hast du?" „Brustkrebs", gab ich Auskunft. „Welche Art denn?", wollte sie wissen. „Triple negativ", sagte ich. „Ich auch", kam von ihr. Okay, schoss mir durch den Kopf, das möchte ich eigentlich nicht wissen. „Auch meine

Lymphknoten sind schon befallen", schob sie nach, „bei dir auch?" Meine Nackenhaare stellten sich auf, es war mir zu viel. „Wir können uns nächstes Mal nebeneinandersetzen und uns unterhalten", schlug sie vor. Ich dachte im Stillen: Ob ich das möchte, weiß ich nicht!

Inzwischen haben Melanie und ich uns ange-freundet, unser Verhältnis ist super. Sie hat ihre Chemo beendet, wir schreiben uns häufig und tauschen uns aus, und sie schickt mir Mützen, die sie selbst genäht hat. Ich freue mich, dass dieser Kontakt sich so entwickelt und dass sich selbst aus der Situation der Zwangsgemeinschaft etwas so Positives ergeben kann.

Die ersten Male saß ich etwa dreieinhalb Stunden in der Chemo. Seit das eine Medikament wegen der schweren Nebenwirkungen abgesetzt wurde, dauert es nur noch zwei bis zweieinhalb Stunden. Seit der fünften Chemo trage ich Kälteschuhe und -handschuhe, damit meine Nerven an Fingern und Füßen nicht noch mehr kaputtgehen. Es ist sehr schmerzhaft während des Tragens, diese Eiskühler sind richtig gemein. Als ich in der vergangenen Woche sowieso schon fror, ließ ich sie weg – und es war ein Fehler. Tagelang hatte ich danach extrem mit dem Kribbeln in den Fingern und Füßen zu tun. Fünfzehn Minuten vor der Chemo müssen die Kältehandschuhe beziehungsweise -schuhe über Händen und Füßen sein, damit pünktlich zum Beginn alle Extremitäten heruntergekühlt sind. Dann wird die Temperatur während der ersten Stunde gehalten. Ich bin in dicke Decken gehüllt und zittere trotzdem vor Kälte. Von zuhause nehme ich mir immer schon eine gefüllte Wärmflasche mit, die ich auf Rücken oder Bauch platziere, sonst halte ich es nicht aus.

Die meiste Zeit sitze ich mit Kopfhörern da und höre Musik, ich möchte nicht so viel aus der Umgebung aufnehmen. Vor drei Wochen bekam ich trotzdem mit, wie eine der Damen in unserem Sechserabteil eine andere ansprach: „Mensch, deine Haare werden dünner." Ich dachte immer, sie trage eine Perücke. Ich selber bin längst ohne Haare und gehe konsequent ohne Perücke aus dem Haus, obwohl ich mir nach meiner Rasur eine Langhaarperücke und auch verschiedene Kopfbedeckungen ausgesucht hatte. Ich wurde neugierig und gab mir einen Ruck: „Sie sind doch auch schon länger hier. Ich muss mal ganz blöd fragen ..." „Ja", bestätigte sie, „ich habe heute meine achte Chemo." „Warum haben Sie denn ihre Haare noch?" „Ich bekomme nicht so eine starke Chemo wie ihr anderen", klärte sie mich auf. „Ich werde nur noch palliativ behandelt." Ich merkte, wie ich erstarrte: Oh nein, weshalb hast du überhaupt gefragt, Mareike? Meine Nachbarin begann bereitwillig zu erzählen: dass ihr Körper voller Metastasen sei, die man nicht mehr wegbekommen würde. Es seien alles nur noch lebensverlängernde Maßnahmen. Sie fing an zu weinen, auch mir liefen die Tränen ... es war mehr, als ich in dem Moment verkraften konnte. Mareike, ermahnte ich mich selbst, du darfst nie nachfragen! Du hast genug mit deinem eigenen Schicksal zu tun!

Seit Beginn der Chemo habe ich arge Probleme mit dem Trinken. Ansatzweise kenne ich das von vor der Erkrankung, jetzt ist es viel schlimmer, und es ist natürlich wenig förderlich. Ich müsste viel mehr Flüssigkeit zu mir nehmen, um all das Gift wieder aus dem Körper zu schwemmen. Je länger es drinbleibt, umso schädlicher ist es. Ich höre von vielen Mitpatienten, dass es ihnen so geht, dass auch sie keinen Appetit und keinen Durst haben. Bis vor einem halben Jahr habe ich es geliebt, Cola zu trinken. Seit der Chemo kann ich sie nicht mehr sehen. Ich bekomme sie nicht mehr runter. Häufig schmeckt mein ganzer Mundraum gerade nur nach Schwefel, das ist sehr unangenehm. Wenn ich für die Familie koche, muss ich mit dem Würzen wirklich achtgeben.

Manchmal gerät mir das Essen zurzeit so scharf, dass Joris vor einigen Tagen sagte: „Sorry, Mama, das kann ich nicht essen."

In der Klinik hieß es: „Essen Sie während der Chemo eher Dinge, die Ihnen sonst nicht so gut schmecken, denn es kann sein, dass Ihr Gehirn während dieser Zeit alles als ungenießbar abspeichert und Ihnen später sagt: Das magst du gar nicht." Daraufhin scherzte Raik, ich solle doch mal Spargel essen, nach dem Motto: „Den magst du bisher überhaupt nicht, vielleicht schmeckt er dir dann später."

Ich hatte mich auch schlaugemacht, was während der Chemo zu beachten sei. Ich hatte gelesen, dass ich auf kohlensäurehaltige Getränke verzichten und auch nichts Scharfes zu mir nehmen solle. Als ich in meiner ersten Chemo saß, sagte die Krankenschwester zu mir: „Sie essen bitte alles, worauf Sie Appetit haben. Verzichten Sie auf nichts!" Ich war erstaunt: „Wie jetzt, ist das Ihr Ernst?" „Ja, alles, worauf Sie Lust haben, essen Sie." Das führte natürlich dazu, dass ich in meinen Mustern blieb und an meiner Ernährung nicht viel veränderte. Ich esse weniger, ich habe wenig Appetit. Aber es wäre schön gewesen, wenn mir jemand genau gesagt hätte, wie ich bestenfalls essen sollte. Ich glaube, dass die Ernährung eine große Rolle in Bezug auf Gesundheit spielt. Wir haben nicht viel Fleisch auf dem Speiseplan, und dennoch müssten wir viel gesünder essen, müssten viel mehr Gemüse zubereiten. Ich war aber von Anfang an ein krüsches Kind, jeden Tag wieder sage ich mir selbst: „Mareike, du musst frisches Obst und Gemüse essen!" Und am Ende des Tages frage ich mich: „Was hast du eigentlich zu dir genommen? Nichts davon! Zu dumm!" Das ist etwas, was ich mir auf die Stirn schreiben darf: dass ich nach der Chemo in eine Ernährungsberatung gehe. Das steht mir zu. Es ist ein Thema, bei dem ich einfach an die Hand genommen werden muss, obwohl ich mir selbst immer wieder sage: Es kann doch nicht so schwer sein! Wenn ich mich darüber informiere oder bestimmte Sendungen schaue, hört es sich ganz leicht an.

Meine Onkologin riet mir, dass die Nebenwirkungen der Chemo besser zu kompensieren seien, wenn ich wieder Sport machen würde. Aber ich war in diesen Monaten einfach nicht in der Lage dazu. Jetzt habe ich mir vorgenommen: Wenn alles vorbei ist, gehe ich wieder zum Fitnesstraining, steige langsam wieder aufs Rad. Ich muss den Ehrgeiz erst wieder entwickeln. Das wird schwierig, weil ich die ganze Chemo über zuhause gesessen habe. Ich bin froh, wenn ich mich hinlegen kann, nachdem ich unterwegs war. Und sei es nur, dass ich mit unserem Timmy seine kleine Runde gegangen bin.

Die ersten Chemos habe ich psychisch erstaunlich gut weggesteckt. Dann kam zwischen der siebten und neunten Chemo ein wirklich tiefes Tal. Ich war so weit, Raik zu sagen: „Ich würde am liebsten alles hinschmeißen." Mein Körper war völlig runtergefahren, und es gab Momente, wo ich dachte: Ich schaffe es nicht mehr! Es ist Wahnsinn, was die Chemo mit mir macht, ich bin häufig so kraftlos und müde, sage mir dann aber immer wieder: „Aufgeben ist keine Option!" Natürlich poste ich meine Bilder immer nur in guten Momenten, natürlich lasse ich mich nur dann fotografieren. Ein einziges Mal habe ich ein Bild von einem Moment in meinen Status gestellt, in dem es mir sehr schlecht ging und Timmy mit mir auf dem Sofa lag.

Wenn ich zurückblicke, habe ich das Gefühl, bis 2015 machten wir jeder in Ruhe unser Ding. Dann kam der Hirnschlag meiner Oma. Das war quasi der Startschuss dafür, dass mein Leben in die verkehrte Richtung lief. Zwei Jahre lang drehte sich alles um meine liebe Oma. 2017 bekam meine Mama dann ihre Diagnose. 2018 entschieden wir uns für den Gentest, es folgten 2018 bis 2021 die schier endlosen

OPs und der Tod meiner Mama und meiner Oma. Und dann erwischte mich 2023 meine Krebsdiagnose ziemlich eiskalt.

Wenn ich alleine bin, laufen mir schon mal die Tränen. Vor allem unter der Chemo gab es Momente, in denen ich alles in Frage gestellt habe. Vor anderen würde ich mir das nicht erlauben. Aber ich würde mir wirklich sehnlichst wünschen, dass einfach mal gar nichts ist. Dass die Schicksalsschläge pausieren, dass das Leben mich endlich wieder durchatmen lässt.

Bar oder mit Karte?

Unser Hund Timmy ist rührend, er nimmt genau wahr, wie ich mich fühle, wenn ich nach meinen Chemos platt auf dem Sofa liege. Er ist sehr anhänglich geworden, seit ich so krank bin. Seine Kuscheleinheiten trösten mich, und es tut mir gut, mit ihm rauszumüssen. Selbst wenn es mir richtig dreckig geht: Timmy muss Gassi, also gehe ich raus. Er ist wirklich unser Sonnenschein.

Joris war die treibende Kraft dafür, dass Timmy zu uns kam. Raik sah die Idee kritisch, er befürchtete, dass Joris sich auf lange Sicht nicht kümmern und dass alles an uns hängenbleiben würde. „Nein", beteuerte ich, „Joris engagiert sich, ich bin mir sicher!" Ich wollte auch einen Hund. Irgendwann sprach Marc, Raiks bester Freund und Patenonkel von Joris, mit meinem Mann und überzeugte ihn: „Mensch, schenk deinem Sohn doch den Hund, den er haben möchte." „Okay, dann holt den Hund, aber ich will damit nichts zu tun haben!", stellte Raik klar. Mein Papa sagte dasselbe: „Ich will mit dem Tier nichts zu tun haben!" Der Hund kam – und Raik hat recht behalten: Joris kümmert sich zwar um Timmy, aber das meiste bleibt an Raik oder mir hängen. Und – Überraschung! – Raik und mein Vater waren vom ersten Tag an vernarrt in unseren Vierbeiner.

Wir lernten Timmy und seine Geschwister bei meiner Schneiderin kennen. Der Welpe schaute uns an, und es war um Joris und mich geschehen. Wir schenkten Joris das Hundebaby zum Beginn der Schulferien, meine Oma kaufte ihn für uns. Neun Jahre ist das her. Damals hatten wir schon unseren Sommerurlaub auf Usedom gebucht, es war eine Ferienwohnung, in die wir keine Tiere mitnehmen durften. Wir waren ratlos: Sollten wir ihn so lange noch bei der Züchterin – meiner Schneiderin – lassen? Oder sollte er zu meinen Eltern? Für diese Variante entschieden wir uns, das heißt, Timmy war in seiner Prägephase bei meinen Eltern. Sie bauten vom ersten Tag an eine wirklich enge Bindung zu ihm auf, auch mein Vater. Überraschenderweise ging es Raik ebenso: Er kam von der Arbeit nach Hause, und Timmy wurde selbstverständlich als Erstes begrüßt. Das ist bis heute so.

Als Timmy ein halbes Jahr bei uns war, fuhren wir in den Zeugnisferien wieder nach Usedom. An unserem ersten Tag auf der Insel gingen wir einkaufen. Raik wollte mit Timmy die Leinenführung üben und löste aus Versehen die falsche Öse. Timmy rannte los, Joris und ich waren weiter vorne, und Joris hielt die Arme auf, als er Timmy kommen sah. Timmy aber schoss an ihm vorbei auf die Straße und wurde von einem Auto erfasst. Wir brauchten fast eine Stunde, um ihn darunter hervorzuholen, dann fuhren wir, so schnell wir konnten, zum Tierarzt. Timmys Vorderseite war schwer verletzt. Die Ärztin schaute unseren Timmy an und war sehr direkt: „Das sieht schlimm aus, da kann ich nichts machen. Sie müssen in die Tierklinik nach Neubrandenburg. Ich rate Ihnen, sich schon mal von Ihrem Hund zu verabschieden." Joris und ich saßen mit Timmy hinten im Wagen, die Fahrt erschien uns endlos.

Als wir in der Klinik ankamen, war die erste Frage, die die Tierarzthelferin am Empfang uns stellte: „Zahlen Sie bar oder mit Karte?" Timmy biss nur noch um sich, auch uns. Ich sagte: „Er braucht dringend eine Spritze." Nach der Untersuchung hieß es, man müsse noch ein Röntgenbild von der Hüfte machen: „Wenn die Hüfte in Mitleidenschaft gezogen ist, müssen wir ihn einschläfern." Wir saßen im Wartezimmer, meinem Mann ging es richtig mies. Zuerst hatte er den Hund nicht haben wollen, jetzt war ihm dieses Missgeschick passiert. Er sagte: „Wenn Timmy tatsächlich eingeschläfert werden muss, holen wir sofort einen neuen Hund." Joris und ich schüttelten unsere Köpfe: „Das wollen wir nicht." Dann kam der Arzt und teilte uns mit: „Die Hüfte ist in Ordnung, wir operieren Ihren Hund jetzt." Wir mussten Timmy vier Tage dort lassen, fuhren nach Usedom zurück und verlebten den schlimmsten Urlaub, den man sich vorstellen kann. Wir hatten große Angst, wie Timmy reagieren würde, wenn wir ihn abholen kämen. Nach dem Unfall hatte er schließlich auch uns gebissen.

Es berührte uns sehr, wie er uns mit dick verbundenen Vorderpfoten entgegenlief – wir waren alle drei sehr glücklich. Seitdem war er unser Sonnenschein. Auch für meine Eltern. Und mein Vater kümmert sich liebend gern um ihn.

Nach ein paar Monaten mussten die Platten in seinen Vorderpfoten wieder entfernt werden. Wir fuhren mit einem großen Präsentkorb in die Klinik. Der Arzt schaute Timmy erstaunt an: „Das ist aber nicht der Hund, den ich operiert habe?" „Doch", lachten wir. „Das hätte ich nicht gedacht, ich hätte schwere Folgeschäden erwartet." Ja, es gibt Folgeschäden: Man darf Timmy nicht darauf ansprechen, die Pfote vorne zu geben, dann zeigt er die Zähne. Auch Haareschneiden ist schlimm für ihn, das machen wir zu zweit. Einer hält vorne die Leberwurst, der andere schneidet. Das sind Erlebnisse, die schweißen zusammen.

Usedom ist nach wie vor unsere absolute Trauminsel – obwohl der Unfall mit Timmy dort passiert ist und auch Joris uns vor ein paar Jahren dort beinahe ertrunken wäre. Das ist uns dieses Jahr wieder bestürzend bewusst geworden, als an der gleichen Stelle ein Kind und seine Mutter um ein Haar einem Unglück entkommen sind.

Alles in allem hatten wir Glück. Es war eines der Dramen, die mal eben nebenbei in den vergangenen Jahren geschahen, bevor es dann mit meiner Oma, meiner Mama und mir so richtig losging.

Niemand spricht es aus

Ja, es ist wichtig, den Tatsachen ins Auge zu sehen. Aber den Zeitpunkt für solche einschneidenden Aktionen darf jeder selbst entscheiden. Einer an Krebs erkrankten Frau, die ich über Instagram kennengelernt habe, ist bei der Krebshilfe nahegelegt worden, einen Abschiedsbrief an ihre Familie zu schreiben. Das ist für mich ein makabres Beispiel für fehlende Empathie, obwohl es natürlich grundsätzlich richtig ist. Ich habe selbst vor Kurzem zu meiner Familie gesagt: „Sarkastisch gesehen, könnte mein vierundvierzigster Geburtstag mein letzter sein."

Deswegen wollte ich ihn feiern! Deswegen wollte ich alle bei mir und um mich herum haben. Ich setze mich intensiv mit dem Thema Tod auseinander. Ich weiß nicht, was in zwei, drei Jahren sein wird. Wenn der Triple negativ metastasiert hätte, hätte ich wahrscheinlich keine Überlebenschancen gehabt. Und wenn er jetzt zurückkommen sollte, hätte ich auch keine Chance. Statistisch gesehen wären es dann bloß noch zwei bis fünf Lebensjahre für mich. Das ist heftig. Deshalb habe ich inzwischen angefangen, eine sogenannte „Bucket-List" zu schreiben, auf der ich die vielen Dinge notiere, die ich gerne noch erleben möchte, und Orte benenne, die ich bereisen möchte.

Im Moment können wir als Familie nicht weit im Voraus planen, wir müssen Jahr für Jahr schauen. Was mir trotz abgenommener Brust mit dem Tumor widerfahren ist, hat eine ähnliche Wahrscheinlichkeit wie ein Sechser im Lotto. Ich hätte lieber Lotto spielen sollen! Wenn die regelmäßigen Krebskontrollen anstehen, werde ich durch die Hölle gehen. Die ersten drei Jahre muss ich vierteljährlich gescannt werden, im vierten und fünften Jahr ist dann jedes halbe Jahr vorgesehen, später nur noch einmal jährlich. Diese Termine werden an mir nagen, das spüre ich genau. Dabei haben wir alle noch zu kämpfen mit dem Verlust von Mama. Ich bin sicher, mein Weg wird wieder die ganze Familie mitnehmen und jedes Mal den alten Schmerz berühren.

In den vergangenen Jahren bin ich konstant einmal in der Woche an den Gräbern meiner Mama und meiner Oma gewesen. Immer sonntags während meiner Hunderunde. Gerade meide ich den Friedhof. Selbst am Todestag meiner Mama konnte ich dieses Jahr nicht hingehen. Sonst lege ich ihr immer ein Herz aus Blumen an ihr Grab, das musste diesmal Raik übernehmen. „Ich habe Angst davor", musste ich mir und ihm eingestehen. Im Moment vermeide ich es sogar hinzuschauen, wenn ich am Friedhof vorbeifahre, so sehr sitzt mir die Furcht vor dem eigenen Sterben in den Knochen.

Von der Klinik, die nach der Gendiagnose mein Brustgewebe entfernt hatte, bekam ich ein Entschuldigungsschreiben: Vor allem die behandelnden Ärzte würden meinen Fall bedauern. Das fühlt sich an wie ein Schlag ins Gesicht! Für mich ist das, was geschehen ist, mit nichts gutzumachen. Es geht mir ums Prinzip und darum, dass diese Ärzteschaft in Zukunft Wert darauf legt, alle notwendigen Schritte zu beachten – auch dass nach einer Brustabnahme ein MRT zur Kontrolle des Brustgewebes wichtig ist. Von einigen Krankenhäusern in der Umgebung weiß ich, dass dieses MRT und die Auswertung des Bildes durch mehrere Ärzte einige Monate nach der Entfernung der Brust bei ihnen zum Standard gehören.

Deshalb habe ich vor der nun anstehenden OP bei den behandelnden Ärzten nochmals genau nachgefragt und offengelegt: „Wenn Sie mir versichern, dass kein Brustgewebe mehr da ist oder dass Sie das, was Sie finden, sorgfältig wegschneiden, kann ich mir überlegen, ob ich die aufgebaute Brust behalte. Wenn Sie mir sagen würden, dass Sie mir keine Garantie geben können, dann möchte ich mir die rekonstruierte Brust lieber abnehmen lassen." Die Ärzte waren der Meinung, das wäre schade, nachdem ich so viele OPs zum Brustaufbau hinter mich gebracht habe. Das Team wird sich jetzt auf Grundlage aller bisherigen Befunde und Entwicklungen zusammensetzen und beraten. Ich bin gespannt. In erster Linie möchte ich natürlich, dass alles aus meinem Körper entfernt wird, was da nicht hingehört.

Täglich mit dieser Angst umzugehen, bedeutet großen Stress für mich und natürlich auch für meine Familie. Ich könnte mich psychologisch begleiten lassen, es gibt Psycho-Onkologen. Bisher wollte ich das aber nicht. Ich habe keinen Bezug dazu, mich mit einem Psychologen zu unterhalten. Ich habe immer gesagt: Wenn es etwas gibt, was ich teilen möchte, dann mache ich das mit meiner Familie und meinem Freundeskreis aus – oder jetzt über das Schreiben meines Buches, das mich in ganz vielen Themen abholt und vieles für mich klärt. Der größte Teil unseres Freundeskreises weiß, was ich in den vergangenen Jahren durchgemacht habe. Allerdings haben die meisten dadurch, dass ich nach außen immer noch die Starke war und alles einigermaßen gerockt habe, manchmal nicht wahrnehmen können, wie es mir tatsächlich ging. Ich zeige mein Elend nicht, weil ich nicht möchte, dass man mich schwach sieht. Ich muss unbedingt die Starke sein.

Ich sage nach wie vor zu allen Freunden, denen es nicht gut geht: „Wir sind immer für euch da." Marc, der in letzter Zeit durch eine große Krise ging, lachte: „Mareike, du hast ganz andere Sorgen! Du musst dich jetzt nicht auch noch mit meinen Problemen beschäftigen!" Er hat recht, selbst jetzt noch versuche ich, für alle da zu sein. Nicht einmal meinen Freundinnen zeige ich, wenn ich mich richtig schwach fühle. Wahrscheinlich gibt es in mir die Sorge: Wenn ich mich meinen Problemen erst einmal zuwende, ertrinke ich womöglich darin!

Ich weiß nicht, was das für ein Mechanismus ist. Ich kann mich nicht erinnern, dass Schwäche je offen zugegeben oder gelebt wurde in meiner Familie. Den anderen zu helfen, ist womöglich eine Art Schutzmechanismus, weil ich in ein tiefes Loch fallen würde, wenn ich mir meine eigene Situation wahrlich vor Augen führen würde. Dennoch versuche ich mehr und mehr, mir meinen Raum zu nehmen und nicht immer gleich zu springen, wenn ich das Gefühl habe, jemand möchte etwas von mir. Bei meinem Papa warte ich inzwischen manchmal bewusst zwei Tage, bevor ich ihm etwas besorge. Ich möchte es nicht ganz abstellen, ihm zu helfen, das kann ich gar nicht. Aber ich tue kleine Schritte, um in die Selbstbestimmung zu kommen. Ich beginne, mir den Zeitpunkt auszusuchen, wann ich mit ihm sprechen will, wenn ich sehe, dass er angerufen hat. Früher hatte ich Angst, dass er bockig wird, wenn nicht sofort alles nach seiner Nase lief, und das wollte ich nicht riskieren. Ich wünsche mir, dass alles immer harmonisch ist. Mittlerweile sagt er: „Das Wichtigste ist, dass du gesund wirst." Als es mir nach den ersten Chemos so schlecht ging – mir war furchtbar übel, ich war nicht richtig ansprechbar und ging auch nicht ans Telefon –, rief er irgendwann bei Raik an und klagte, er mache sich solche Sorgen um mich, ob Raik sich bitte melden könne.

Papa und Mirco haben Angst um mich, aber auch sie sprechen es nicht aus. Niemand spricht es aus. Niemand ist so offen zu mir. Ich weiß ehrlich gesagt auch nicht, wie ich damit umgehen würde. Ich kenne solche emotionalen Äußerungen nicht.

Raik sieht mir an, wenn es mir nicht gut geht, der braucht nicht zu fragen. Allerdings zeige ich auch ihm nicht wirklich, wie schlimm es manchmal ist. Als wir Ostern auf Rügen eine kleine Höhenwanderung gemacht haben, ging es mir nicht gut. Die Schmerzen in meinen Füßen waren sehr stark, beim Bergaufgehen wurde es noch schlimmer. Raik merkte, dass es für mich anstrengend war, er schlug vor: „Komm, wir fahren mit dem Bus runter." Weil alle, mit denen wir unterwegs waren, beschlossen hatten, zu Fuß wieder zurückzulaufen, wollte ich mich gern anschließen. Abends war ich fix und fertig, da erzählte er mir: „Zu Joris habe ich heute Mittag gesagt: ‚Typisch deine Mama, die muss immer die Starke spielen und kann nicht einfach sagen: Es geht nicht mehr.' Du musst lernen zu sagen: ‚Ich kann nicht mehr!' Du brauchst nicht immer die Starke zu spielen!"

Letztlich schauen wir uns dieses Muster jeder beim anderen ab. Ich habe es von meinen Eltern so gelernt, Raik bei sich zuhause, und unser Sohn übernimmt es von uns. Wir reden offen über alles Mögliche, wir sind lebhaft und tauschen uns aus – aber nicht über unser Inneres, und vor allem dann nicht, wenn wir uns schwach oder hilflos oder angstvoll fühlen. Dann offenbart sich keiner. Dann macht keiner den ersten Schritt. Es ist für mich wie das instinktive Gefühl: Ich will nicht mit einem Psychologen sprechen. Ich wüsste gar nicht, was ich erzählen soll, weil ich Angst habe, dass der mir den Kopf wäscht. Ich weiß eigentlich selbst, dass die Zeit gekommen ist, mehr an mich zu denken und anderes außen vor zu lassen. Ich weiß nur nicht, wie ich den unvermeidlichen Schritt dahin machen kann – und wahrscheinlich habe ich sogar Angst davor. Ich bilde mir ein: Wenn ich mein bisheriges Muster weiterfahre, habe ich alles unter Kontrolle. Ich kenne mein Problem schon so lange, warum sollte ich also zum Psychologen?

Vor drei Wochen hatte ich einen ganz schlechten Tag in der Chemo. Mir ging es schon beim Aufstehen nicht gut, dann vergaß mich das Taxi, und ich kam zu spät in die Klinik. Die Schwester sah es mir an und fragte ganz direkt: „Mareike, dir geht es heute nicht gut, oder?" Ich fing überraschend an zu weinen. Es war das erste Mal, dass mir das vor versammelter Mannschaft passierte, und es war mir sehr unangenehm. Ich will partout nicht, dass man mich schwach sieht. Die Schwester riet mir, zum Onko-Psychologen zu gehen. Ich versprach, darüber nachzudenken, kam aber wieder zu dem Ergebnis: Nein! So weit bin ich noch nicht! Am liebsten würde ich alles mit mir alleine ausmachen. Und so rutsche ich immer wieder in dasselbe Muster.

Vor vielen Jahren schon habe ich zu meinen Freundinnen und meinen Kolleginnen gesagt: „Wenn meine Oma mal nicht mehr ist, dann beantrage ich als Allererstes eine Reha!" Meine Oma ist am 6. Dezember 2022 gestorben, inzwischen haben wir Frühjahr 2024. Die Antragsunterlagen liegen unten im Keller. Ich habe sie nie ausgefüllt, obwohl ich immer davon gesprochen habe und deutlich spüre, wie sehr ich die Reha brauche. Einige Freundinnen rieten mir: „Fahr hin und sag, dass du nicht an den Gruppen- oder Einzelgesprächen teilnehmen willst, wenn dir das zu viel ist. Aber eine Kur wird dir letztendlich guttun. Mal nur an dich denken!" Ja, die Gemeinschaft mit anderen Frauen, die ebenfalls betroffen sind, die auch durch Chemos gegangen sind, die wirklich nachfühlen können, wie sich das anfühlt, hilft mir und stärkt mich. Menschen, die mir eigentlich wildfremd waren, sind so zu engen Austauschpartnerinnen geworden. Aber zu einer Kur kann ich deswegen noch lange nicht Ja sagen. Und so gehe ich meinen Weg nach wie vor allein und nahezu ohne Unterstützung.

Ein einziges Mal war ich bei der Krebsberatung, dort habe ich viel weinen können. Selbst nach den vielen OPs habe ich gleich wieder angefangen zu arbeiten, von null auf hundert. Ja, es stimmt, mein gesamtes Umfeld preist und lobt mich als die starke Frau und verstärkt diese Rolle dadurch. Natürlich freue ich mich, wenn die Menschen sich durch mein Beispiel inspiriert fühlen. Gleichzeitig mahnen mich die engsten Freunde auch, auf mich zu hören und den Warnschuss dieser Erkrankung ernst zu nehmen.

Ich habe mir immer gewünscht, dass wir eine glückliche Familie sind – und dass wir das nach außen repräsentieren. Ich möchte nicht, dass man uns schwach sieht. Das scheine ich tief verinnerlicht zu haben. Es ist brutal, dass das Leben mich in so eine Schwächesituation zwingt. Und trotzdem ist der Kopf noch überlegen, der behauptet: „Ich bin stark!" Manchmal frage ich mich, was mir noch alles passieren muss, ehe mein System erlaubt, Schwäche zuzugeben. Manches Mal habe ich mich schon gefragt, was ich getan habe, dass der Schöpfer mich vor immer neue, immer noch größere Herausforderungen stellt. Es gibt den Spruch: „Nur starke Menschen bekommen schwere Wege."

Damit kann ich viel anfangen.

Fremd im eigenen Körper

Seit 2018 verändert mein Körper sich ständig. Von einem Jahr aufs nächste war durch die vielen OPs alles anders. Ungewohnt. Fremd. Ich kann nicht behaupten, schon in dem Gefühl angekommen zu sein, meinen neuen Körper zu kennen. Ich kann auf gewisse Weise noch nicht begreifen, wer ich jetzt bin. Und obwohl ich eine neue Brust bekommen habe, denke ich manchmal, ich bin keine richtige Frau mehr. Die vielen Narben und die Ungleichheit der aufgebauten Brüste irritieren mich. Ich sehe es jeden Tag im Spiegel, jeden Tag schaue ich darauf. Auf der linken Seite gibt es eine Wölbung Richtung Arm. Und genau das ist die Stelle, an der sich im Herbst der Tumor gezeigt hat. Dazu kommt die riesige Bauchnarbe durch den großen Lappen, der im Bauch entfernt und oben in der Brust eingesetzt wurde. Eigentlich sollten die Brustwarzen abgenommen und im Bauch zwischengelagert werden, um nach dem Brustaufbau wieder angenäht zu werden. Aber ich habe gesagt: „Das möchte ich nicht, denn dann wäre ein Restrisiko für den Krebs vorhanden." Ich hatte das Schicksal einer Patientin vor Augen, die meine Mutter während ihrer Erkrankung kennengelernt hatte. Bei ihr hatte der Krebs sich in den zwischengelagerten und dann wieder eingesetzten Brustwarzen entwickelt. Ich wollte alles, was nur im Entferntesten damit zu tun haben könnte, weghaben. Deshalb wurde aus meinem Oberschenkel Haut entnommen, mit der der Vorhof für die Brustwarzen gestaltet wurde. Für die Brustwarzen selbst ist eigentlich die Haut der Schamlippen vorgesehen, denn das ergibt die natürlichste Struktur. Aber mir war schnell klar: „Da lasse ich euch nicht dran!" Und so entnahmen die Chirurgen Haut aus meinem Augenlid. Ich versuche es immer auch positiv zu sehen und die Vorteile mitzunehmen: in diesem Fall die Chance der Lidstraffung.

Es gab nach diesen OPs immer wieder Angleichungs-Versuche, immer noch eine weitere OP. Es ist gigantisch, was ich mitgemacht habe. Die Bauchnarbe saß viel zu hoch und bildete eine einzige Hügelland-schaft, dabei war vorher die Rede von „Bikinizone" gewesen. Ich sagte: „Das kann's nicht sein!" In zwei weiteren Operationen wurde die Narbe komplett nach unten gezogen und der Bauchnabel verlegt. In der Bauchhaut habe ich null Empfinden mehr, die Narbe ist gewaltig. Es ist erstaunlich, wie viel Brust aus meinem kleinen Bauch aufgebaut worden ist. Mehr als ich gewollt hatte. Ich hatte gesagt: „Ich bin auch mit weniger zufrieden." Meine Brust war sehr groß gewesen, aber das war kein Maßstab für mich. Auch in der Brust habe ich nach dem Aufbau natürlich kein Empfinden mehr. Es ist alles taub.

Nach einer der Angleichungs-OPs hatte ich sehr, sehr starke Schmerzen im Brustbereich, ich hatte das Gefühl, die Ärzte hätten mir die Rippen gebrochen. „Was habt ihr mit mir gemacht?", fragte ich. „Wir haben eine neue Methode bei Ihnen ausprobiert", ließ mich der zuständige Chirurg wissen. Leider ohne es vorher mit mir zu besprechen. Sie wollten, dass meine Brustfalte ein natürliches Aussehen erhält und spannten die Brust innen mit vier Fäden. Unerträglich war das. Irgendwann lösten sich die Fäden auf, und ich hatte vier Narben unter der Brustfalte, es tat so weh, dass ich dachte, ich muss sterben.

Es ist Wahnsinn, was ich alles mitgemacht habe. Frisch operiert holte ich in jenen Tagen meine Mama aus dem Krankenhaus heim. Es gab keinerlei Zeit, zu begreifen, was mit mir selbst geschah. Im Dezember 2021 war die letzte OP, bevor sich im Herbst 2023 der Tumor zeigte und ich mich der Chemo unterziehen musste. Kaum eine Region im Körper ist also unbelastet geblieben. Und jetzt mache ich mit der Chemo das Ganze nochmal innerlich durch. Auch dadurch hat mein Körper sich sehr verändert. Ich habe unter der Chemo acht Kilo zugenommen, damit kämpfe ich ganz arg. Mein Gesicht ist aufgedunsen, die Flecken, die sich dort zeigten, nennt man Chemo-Akne. Es heißt, dass sich nach der Chemo alles zurückbilde. Nach der fünften Chemo hatte ich starken Ausschlag an den Händen, es sah schlimm aus und juckte heftig.

Ich weiß, dass ich mich vom Äußeren verändert habe seit der ersten Chemo, auch wenn ich es an mir selbst nicht so stark wahrnehme wie an meinen Mitpatienten. Ihnen sehe ich die rasante Veränderung – zum Negativen – innerhalb von wenigen Wochen an. Einige sind stark abgemagert. Eine Frau saß in meinem Abteil, sie sprach davon, dass sie nicht mehr leben wolle, dass sie überlege, allem ein Ende zu machen. Einen Mann erlebte ich, der fünfhundert Chemos hinter sich hat. An was für einem Krebs er leidet, weiß ich nicht. Seit zehn Jahren geht er durch diese Qualen. Ich sagte spontan: „Das könnte ich nicht."

Aktuell spüre ich in den Oberschenkeln, dass es anfängt zu jucken und zu piksen, und ich nehme an, dass dort die Haare wiederkommen. Ähnlich fühlt es sich auf dem Kopf an. Die Medikamente, die ich zurzeit in der Chemo bekomme, sorgen nicht für Haarausfall, das hatten nur die ersten Chemos getan, dieses Piksen hatte ich danach auch. Beim Ausfallen der Haare war es fast dasselbe Gefühl. Es ist ähnlich wie das Kribbeln, unter dem ich am Tag nach unserem AIDA-Urlaub – zugleich mit den heftigen Schmerzen in den Gelenken – aus dem Nichts plötzlich litt. Ich fühle mich wirklich fremd im eigenen Körper. Ich weiß nicht, was gerade mit mir passiert.

Zwischen der dritten und vierten Chemo hatte ich mich übers Internet bei einer Hamburger Fotoagentur gemeldet, die Models suchte, und ich wurde zum Fotoshooting eingeladen. Auch das habe ich gerockt. Aber natürlich waren es drei, vier Stunden, in denen ich wieder über meine Grenzen ging. Ich wollte zeigen, dass auch Frauen mit Glatze attraktiv sind. Dass auch krebskranke Frauen ein Recht darauf haben, schön auszusehen und schön gefunden zu werden. Mein Mann und ich fuhren zusammen zu der Agentur, und es entstanden wundervolle Bilder, mit und ohne Perücke. Die Rückmeldungen waren entsprechend: Ich wurde beglückwünscht zu meiner Kraft und meinem Mut, dieses Thema in die Welt zu tragen.

Franziska ist Fotografin und hat ein facettenreiches Buch veröffentlicht, in dem viele Frauen aller Altersstufen ihre Krebsgeschichten erzählen und auf sehr berührenden Fotos zu sehen sind. Sie veranstaltet einmal im Jahr ein großes Event, an dem fünfundzwanzig an Brustkrebs erkrankte Frauen zusammenkommen und sich fotografieren lassen. Leider konnte ich dieses Jahr nicht daran teilnehmen. Aber für 2025 steht es auf meiner Bucket-List. Viele der Geschichten in ihrem Buch lesen sich ähnlich wie die meine. Frauen, die sagen „Ich musste immer die Starke sein", „Ich musste immer die Stellung halten", „Ich war immer für alle da", „Ich kam als allerletzte", „Ich wusste überhaupt nicht: Was will ich für mich, wenn ich nicht den anderen diene?" – und mir damit aus der Seele sprechen.

Unter dem Titel „Lebe selbstvoll" hat Franziska außerdem einen Podcast für Krebserkrankte ins Leben gerufen. Das Interview mit mir ist Folge 431. Franziska schrieb mich an: Sie würde mich gern einladen, weil sie meine Geschichte so unglaublich findet. Ich war ehrlich: „Das muss ich mir erst überlegen." Ich spreche, und alle hören mich und meine Stimme? Das ist etwas anderes als zu schreiben, und

1   https://lebe-selbstvoll.podigee.io/43-new-episode

134

dann lesen die Menschen es später. Ich war mir nicht sicher, ob ich das wirklich wollte. Ich dachte ein paar Tage darüber nach und entschied: Was kann ich denn verlieren? Nichts, oder? Es war keine Live-Sendung, das heißt, wenn der Podcast erst geschnitten wäre, könnte ich immer noch zu ihr sagen: „Tut mir leid, das hört sich total blöd an, ich möchte nicht, dass es veröffentlicht wird." Das gab mir Sicherheit.

Es wurde sehr emotional, ich habe viel geweint und auch viel von Mama erzählt. Franziska schnitt für die finale Version einiges raus. Entstanden ist ein fünfzigminütiger Podcast, auf den ich erstaunlich positive Resonanzen bekommen habe. Das ist wirklich überwältigend. Es gab viele Menschen, die gesagt haben: „So eine starke Persönlichkeit als Freundin zu haben, ist unglaublich." Das hat mich bestärkt, dass ich das Richtige gemacht habe.

**

„Liebe Mareike, ich habe es endlich geschafft, deinen Podcast zu hören. Ich bin emotional total ergriffen. Du bist wirklich eine tolle und starke Frau. Ich bin beeindruckt von dir und bin so stolz auf dich, wie du

das alles schaffst. Ich bin froh und dankbar, dich als Freundin zu haben, und werde und möchte weiterhin hinter dir stehen!" – Julia

**

"Liebe Mareike. Ich habe deine Podcast-Folge gehört und bin sehr gerührt. Das war schön, aber auch nochmal total traurig, die letzten fünf Jahre so komprimiert Revue passieren zu lassen. Ich hoffe, dir geht es einigermaßen gut? Auf jeden Fall gilt: Du bist stark und schaffst das! Und wir sind jederzeit für dich da!" – Jaqueline

**

"Wow, Mareike! Woher hast du diese Stärke genommen, anderen deine Geschichte zu erzählen?! Das war echt ein tolles Interview! Mega, sei ganz stolz auf dich!" – Mira

"Habe eben dein Interview gehört. Ich kann nur sagen … ich habe viel gehört, von dem ich nichts wusste. Fühl dich umso mehr ganz warm geknuddelt." – Geli

**

„Hallo Mareike, habe neulich dein Interview auf Spotify angehört und konnte kaum glauben, was du alles durchgemacht hast. Du bist wirklich unglaublich toll, dass du immer noch die Kraft aufbringst. So war es bei uns damals auch. Aufgeben kam nicht in Frage. Ich wünsche dir von ganzem Herzen, dass du auch die letzten Chemos nun noch meistern wirst." – Anja

**

„Liebe Mareike, ich habe gerade deinen Podcast gehört. Einfach wow, ganz, ganz großes Kompliment. Du bist so stark, ich kennen niemanden, der so ist wie du. Ich habe die Hälfte der Zeit geheult – und du erzählst deine Lebensgeschichte absolut strukturiert und fokussiert. Ich bin mir sicher, du hilfst damit vielen Frauen, die auch an Brustkrebs erkrankt sind. Ich wünsche dir weiterhin die nötige Kraft und Energie, um gegen den Krebs zu kämpfen. Fühl dich gedrückt." – Ulrike

**

„Liebe Mareike, ich habe mir deinen Podcast angehört – ein echtes Wechselbad der Gefühle. Sehr tapfer beschreibst du die Berg- und Talfahrten deiner und *eurer vergangenen Jahre. Das Schicksal hat einfach keinen Halt vor dir und deiner Familie gemacht, was wirklich unglaublich traurig ist. Jeder hat sein Päckchen zu tragen und denkt manchmal, wie unfair das Leben ist, aber du hast ein so hartes Los gezogen, dagegen werden meine Probleme ganz klein. Ich habe sehr oft geweint beim Zuhören, auch an meinen Vater gedacht, der leider viel zu früh an Krebs gestorben ist. Du erdest mich ungemein mit deiner Message und lebst offen vor, wie man es schafft, damit umzugehen, und auch mal schwache Momente hat, die wir alle aus jeder Lebenssituation kennen. Das gibt ein gutes Gefühl und stärkt die Sinne für das Wesentliche im Leben. Du gibst trotz deiner Krankheit so viele warme Worte, unbeschreiblich schön. Sei weiter du selbst, glaube an dich, dein Projekt, das wird dir Kraft und Zuversicht geben. Ich bin in Gedanken bei dir, du hast mich tief bewegt." – Sandra*

**

„Liebe Mareike, ich bin fassungslos, was du alles die letzten Jahre so mitgemacht hast – und dass du trotzdem so eine starke und liebevolle Frau bist. Respekt!" – Kristina

**

„Boah, Mareike, ich höre gerade deinen Podcast und bin am Heulen, ich bin so erstaunt, wie verdammt stark und positiv du einfach immer noch bist nach dieser ganzen verdammten Scheiße." – Jana

**

„Ich möchte dir meinen größten Respekt aussprechen, liebe Mareike. Du bist eine Frau, wie ich noch nie eine gekannt habe. Danke für dein Vorbild. Wann immer etwas ist und du mich brauchst, ich bin gerne für dich da." – Juliane

**

„Liebe Mareike, ich bewundere dich für das, was du bisher geschafft hast, und dafür, dass du noch so viel meistern wirst. Selbst in deinen härtesten Momenten hast du es geschafft, Stärke zu zeigen. Nimm dir einen Moment und schau, wie weit du gekommen bist. Sei einfach stolz auf dich!" – Diana

**

„Auch ohne deine Krankheit bewundere ich dich für deine Energie und was du alles machst, schaffst und tust. Und immer liebevoll. Ich wünsche mir soooo sehr für dich, dass du dir selbst nun ganz viel Liebe schenkst." – Zahra

**

„Liebe Mareike, ich habe gerade den Podcast gehört. Erst einmal vielen Dank, dass ich diesen hören durfte. Jetzt verstehe ich, was du mit deiner ‚unglaublichen Geschichte' gemeint hast. Es ist alles nicht zu fassen. Umso mehr bewundere ich dich für deine Stärke, positive Energie & Ausstrahlung und deine Kraft. Deine Familie kann so glücklich sein, so eine tolle Frau, Mutter, Tochter, Schwester usw. zu haben. Ich bin stolz, dich kennen zu dürfen!" – Eva

Nichterkrankte haben häufig eine Hemmung, mit uns Erkrankten zu sprechen, wir Erkrankten vielleicht auch manchmal eine Hemmung zu erzählen, wenn wir nicht gerade unter uns sind. Ich bin von Anfang an offen mit meiner Krankheit umgegangen und fühle mich in meinem Freundeskreis sehr beschenkt. Von zwei, drei Menschen, die sich nach meiner Diagnose zurückgezogen haben, bin ich enttäuscht, das hätte ich nie erwartet. Aber der feste Freundeskreis war immer da – und wird immer bleiben. Ich habe zum Glück viele enge Freunde, die mich häufig besuchen kommen. Und es gibt neue Bekanntschaften, die jetzt, in dieser schweren Zeit, unerwartet hinzugekommen sind. Menschen, mit denen ich vorher jahrelang keinen Kontakt hatte, die sich aber gemeldet haben, nachdem sie von meiner Krebsdiagnose erfahren haben, und sagen: „Wir sind für dich da!"

Manche hatten erst über den Podcast wieder von mir gehört. Es gibt den Spruch: „Schlechte Zeiten haben auch ihr Gutes; sie zeigen dir, auf wen du dich verlassen kannst." So erlebe ich es, und das ist ein bestärkendes Gefühl. Ich habe nie ein Geheimnis aus meiner Diagnose gemacht, sondern immer Klartext gesprochen. Wer damit nicht umgehen kann, hat in meinem Leben letztlich auch nichts mehr zu suchen. Häufig werde ich gefragt, ob ich auch Menschen kenne, die eine Krebsdiagnose bekommen und sich komplett zurückziehen, sich zuhause einsperren. Ich sage immer: „Das wäre für mich unvorstellbar." Ich versuche, mich bestmöglich abzulenken, um nicht in ein schwarzes Loch zu fallen. Wer Fragen hat oder wissen will, wie es mir geht, kann jederzeit zu mir kommen und mich ansprechen. Ich sage offen und ehrlich meine Meinung, und wenn es mir nicht gut geht, sage ich auch das. Mir geben diese Kontakte Kraft. Ich war immer schon jemand, der sich gern mit anderen Menschen umgeben hat. Ich brauche keinen Rückzug, das war auch früher schon so. Ich bin niemand, der sich mit einem Buch hinsetzen würde. Ich bin lieber in Action. Jetzt erst recht, denn jetzt geht es mir darum, dieses Thema in die Welt zu tragen, darauf aufmerksam zu machen. Denn wie man sieht, macht der Krebs vor niemandem Halt. Egal wie berühmt oder wohlhabend jemand ist, das schützt nicht vor Schicksalsschlägen.

Deshalb auch die Biographie. Auf die Idee dazu haben mich mein Mann und eine Freundin gebracht. Wir saßen beim Kaffee zusammen, und Melanie sagte spontan: „Mensch, Mareike, eigentlich müsstest du mal ein Buch über deine Wahnsinns-erlebnisse schreiben." Raik stimmte mit ein: „Da hast du recht, das sollte sie wirklich tun." Damit war die Idee geboren. Ich dachte ein paar Tage lang darüber nach und kam zu der Einsicht: Das ist nicht verkehrt. Meinen vierundvierzigsten Geburtstag im März wollte ich richtig feiern. Ich informierte alle Freunde und Bekannten: „Ich möchte keine Geschenke, stattdessen steht hier ein Sparschwein für mein Herzensprojekt. Wer möchte, darf etwas reinwerfen." Letztlich kamen sie natürlich trotzdem mit Blumen und Schokolade – und zusätzlich füllte sich der Schweinebauch. Ich gestaltete ein Gästebuch, in das alle Besucher dieses besonderen Tages hineingeschrieben haben. Ich habe es bis heute nicht gelesen, das schaffe ich emotional noch nicht.

Und dann gab es noch einen Spendenaufruf: Als die Krankenkasse mich damals wegen der Brust-OP zuerst hängenließ, hatte meine liebe Freundin Diana etwas fertiggestellt, was sie zu Radio Hamburg senden wollte, um Spenden für mich und meinen Brustaufbau zu sammeln. Wie sie das formuliert hatte, war sehr berührend. Damals war es dann nicht nötig, jetzt aber hat Diana den Spendenaufruf für mein Buchprojekt ins Leben gerufen, und es sind über 5.000 Euro zusammengekommen.

An dieser Stelle darf ich spüren, wie es ist, wenn andere für mich da sind und mir helfen. Ich kenne das aus meinem Leben bisher nicht. Es ist eine völlig neue Erfahrung für mich – und noch schwer greifbar.

VI Zeitschleife

Selbst schuld?

Alles ging so schnell, ich steckte immer noch mitten in der Geschichte der vergangenen Jahre, vieles ist fast schon wieder in Vergessenheit geraten. Selbst dass bei mir 2022 weißer Hautkrebs diagnostiziert wurde. Das war wieder völlig weg. Die letzten Wochen mit meiner Mama sind präsent, anderes aus den vergangenen Jahren, von all den Dramen und Turbulenzen, die so plötzlich in unser Leben eingebrochen waren, ist weit nach hinten gerutscht.

Gestern war ich in Hamburg, um mir eine Zweitmeinung zur anstehenden Tumor-OP einzuholen. Natürlich wollte ich nicht in das Krankenhaus zurück, in dem man bei meiner ersten OP 2018 das Kontroll-MRT versäumt hatte. Auch in meinem Heimatort wollte ich mich nicht operieren lassen, dort hat meine Mama früher im Städtischen Krankenhaus gearbeitet. Als sie ihre Diagnose bekam, hieß es: „Nicht vor Ort behandeln lassen, da weiß sofort das ganze Haus Bescheid."

Das Krankenhaus, das ich im Frühjahr gewählt hatte, war mir sehr empfohlen worden, es hat einen exzellenten Ruf. Bei meinem Erstgespräch nahm sich die Ärztin viel Zeit für mich, das war super! Sie sagte mir aber gleich: „Ich selbst kann die OP nicht durchführen. Wir machen einen neuen Termin aus, bei dem Sie den Operateur kennenlernen." Bei diesem zweiten Gespräch war zum Glück mein Mann dabei, es verlief äußerst merkwürdig. Der Arzt legte einen seltsamen Humor an den Tag, mit dem ich nicht klarkam. Wahrscheinlich versuchte er, mich aufzuheitern, weil er die Schwere meiner Situation wahrnahm.

Beim dritten Gespräch fragte er mich als Erstes: „Frau Henning, was machen wir denn heute?" Ich sagte: „Sie haben mich hierherbestellt. Sie wollten wissen, was es mit dem Herdbefund auf meiner rechten Brustseite auf sich hat, deshalb war ich im MRT ..." „Ja, ziehen Sie sich bitte aus, ich muss mir nochmal ein Bild machen!" Gefühlt eine halbe Ewigkeit stand ich mit nacktem Oberkörper vor ihm, er schaute und überlegte. Irgendwann fiel der Satz: „Wissen Sie was, ich bin urlaubsreif ..." „Oh", ich war perplex, „dann nehmen Sie Ihren Urlaub unbedingt, bevor Sie mich operieren!" In dem Moment konnte ich immerhin noch kontern. „Wir werden auf jeden

Fall den Tumor entfernen und links das Tumorgewebe großzügig herausschneiden. Auch den Herdbefund auf der rechten Seite würde ich empfehlen rauszunehmen", und er fuhr fort damit, was er alles noch rausnehmen, wegschneiden und straffen wolle. „Am Ende haben Sie wieder eine schicke Brust!" Ich sah ihn an: „Ich spiele mit dem Gedanken, mir die Brust ganz abnehmen zu lassen. Ich habe große Angst, dass sich wieder Tumore bilden, dass die vielen OPs der vergangenen Jahre nutzlos waren." Seine Antwort: Ich solle mir das gut überlegen in Bezug auf meine Weiblichkeit.

Ich konnte nicht darauf antworten, ich versuchte mir zu sagen: Mareike, das sind plastische Chirurgen, es ist ihr tägliches Business, was willst du? Aber ich drängte, dass die OP-Besprechung schnell über die Bühne ging, damit ich den Raum verlassen konnte. Zum Glück war ich in Begleitung einer Freundin, zu der ich sagte: „Diesen Vormittag muss ich erst einmal sacken lassen und für mich verarbeiten." Mir wurde schnell klar: Das fühlt sich hier nicht richtig an! Als ich mit meiner Frauenärztin darüber sprach, reagierte sie empört: „Setzen Sie sich dem nicht aus! Holen Sie sich eine Zweitmeinung ein." Deshalb war ich gestern in einer anderen Klinik. Das Gespräch war super, nächsten Mittwoch bin ich zum Zweitgespräch dort.

Im Ultraschall ist nach den Chemotherapien vom Tumor in meiner linken Brust nichts mehr zu sehen. Der undefinierbare Schatten, der rechts in der Brust auffällig war, hat sich unter der Chemo nicht verändert. Er sitzt noch an derselben Stelle und ist genauso groß wie damals, weswegen man vermutet, dass es einfach nur eine Verwachsung ist, zumindest nichts Bösartiges. Bei der nun anstehenden OP wird man das gesamte Tumorgewebe um den ehemaligen Herd herum entfernen.

Vor der OP werden meine Lymphknoten mit Hilfe einer Kontrastflüssigkeit lokalisiert und markiert; auch sie werden in der OP entfernt einschließlich des sogenannten Lymphwächters. Man geht bei meiner Krebserkrankung davon aus, dass der Krebs schlimmstenfalls zuerst in die Lymphe streuen würde. Dem soll vorgebeugt werden. Die entnommenen Lymphknoten werden nach der OP im Labor untersucht, denn auch im Dezember war ein Lymphknoten auffällig gewesen, der sich dann aber als gutartig erwies.

Nach meiner Diagnose 2018 hatte es geheißen: achtzigprozentiges Risiko, durch den Gendefekt an Brustkrebs zu erkranken, fünfzigprozentiges, Eierstockkrebs zu erleiden. Die OP an den Eierstöcken hatte ich ein bisschen aufgeschoben, weil ich nicht mit achtunddreißig Jahren von null auf hundert in die Wechseljahre wollte. Ich ging regelmäßig zur Kontrolle, meine Frauenärztin und ich entschieden gemeinsam, die Unterleibs-OP möglichst hinauszuzögern, so lange es ging, und sich erst einmal um die Brust zu kümmern.

Im Mai des vergangenen Jahres war allerdings meine Gebärmutter verschleimt und musste ausgeschabt werden, das ist eine Vorstufe von Krebs. Daraufhin hatte ich beschlossen, dass auch das nicht länger warten kann, dass es losgehen muss mit der Entfernung. „Wir fahren noch in den Herbsturlaub, aber danach möchte ich es angehen." Ich wusste, im November war es in der Zahnarztpraxis ruhiger, das war eine gute Zeit, mich wegen der OP krankschreiben zu lassen. Deshalb hatte ich geplant, im vergangenen Dezember meine Eierstöcke und die Gebärmutter entfernen zu lassen. Alles, was bei meiner Krebsart risikobehaftet ist, möchte ich konsequent loswerden. Doch dann kam alles anders, und so steht diese OP immer noch an. Zuerst hatten die Ärzte gesagt, man könnte die Entfernung der Eierstöcke und Gebärmutter in einer OP mit der aktuellen Entnahme des Brustgewebes machen, aber das wäre momentan zu viel für mich. Ich komme aus Monaten mit Chemo, mein Körper hat nicht die Reserven, eine so große OP an Bauch und Brust zugleich wegzustecken. Deswegen konzentriere ich mich erst einmal auf das eine und warte ab, ob noch eine Bestrahlung gemacht werden muss.

Es gab eine Zeit, in der war ich d'accord damit, dass meine Brust nicht mehr die Form hat, die sie hatte, und dass die Narben mich jeden Tag an all das erinnern, was damit einhergeht. Aber jetzt, seit der Krebserkrankung, frage ich mich: Wofür das Ganze? Die Narben sind sinnlos! All die Schmerzen waren vergeblich! Alles, was ich mitgemacht habe, für die Katz! Warum passiert mir das? Warum ausgerechnet mir?

Natürlich gebe ich mir selbst die Schuld an dem Dilemma. Wofür genau, weiß ich nicht. Ich glaube, diese Schuldzuweisung ist ein generelles Thema bei Krebserkrankten. Was ist falsch gelaufen bei mir, dass ich diese Krankheit bekomme? Was habe ich persönlich nicht gut gemacht? Dabei weiß ich im Kopf genau, dass ich eigentlich alles richtig gemacht habe. Alles, was man mir gesagt hat, was medizinisch in meinem Fall angezeigt wäre, habe ich gemacht. Es müsste etwas sein, wovon ich keine Ahnung hatte, dass ich es hätte anders machen können. Ich hätte Millionen darauf verwettet, dass ich nie Brustkrebs bekomme. Wenn, dann irgendwo anders. Aber niemals an der Brust. Ich war mir zu tausend Prozent sicher.

Es ist tatsächlich so: Ich fühle mich nicht richtig als Frau, obwohl die Brust wieder da ist. Und natürlich stellt sich mir die Frage, weshalb alles so gekommen ist, wie es kam – denn so hätte ich mir letztlich alles ersparen können. Meine beste Freundin konnte meine Entscheidung, mir freiwillig die Brust abnehmen zu lassen, lange nicht verstehen. Sie sagte: „Ich akzeptiere deinen Weg, ich werde immer hinter dir stehen, Mareike. Aber ich für mich würde anders entscheiden." Als sie vor ein paar Monaten mit mir die Perücke aussuchte, kam sie noch einmal darauf zu sprechen: „Mareike, ich habe es damals mit der Brust nicht verstanden. Aber ich verstehe es jetzt mit der Eierstock-OP und der Gebärmutter." In meinen Augen ist das nichts anderes. Auch die Entfernung von Eierstöcken und Gebärmutter lässt mich weniger Frau sein.

Ich weiß, ich kann froh sein, dass der Tumor an einer Stelle sitzt, an der ich ihn deutlich spüren konnte, und dass er mir so extrem wehgetan hat. Hätte er das nicht, hätte er irgendwo gesessen, wo ich ihn nicht gespürt hätte, hätte ich ganz schlechte Karten gehabt. In den meisten Fällen fangen Krebstumore erst dann an wehzutun, wenn es zu spät ist.

Während der Chemos hatte ich unter den Achsel-höhlen ganz starke Schmerzen, und meine linke Seite schwoll zum Teil richtig an. Jedes Mal wieder machte ich mir Gedanken, auch wenn ich eigentlich weiß: Es sind die Lymphknoten, die wahrscheinlich auf die Chemo anspringen und sich beschweren: „Was machst du mit uns?" Der Tumorknoten selbst ist gar nicht mehr zu spüren. Nach der dritten Chemo wurde er kontrolliert, da sah man zwei Herde, er hatte sich geteilt. Statt acht mal zwölf Millimeter war er nur noch drei mal vier Millimeter groß, war also um zwei Drittel geschrumpft. Nach der siebten oder achten Chemo war ich zur Kontrolle, da war er mit dem Ultraschall nicht mehr zu sehen. Zumin-dest gab das die Sicherheit: Die Chemo schlägt an, jetzt weiß ich wieder, wofür ich es tue.

Das war ein willkommener Aufschwung nach meinem Tief und half mir, mit den Nebenwirkungen besser umzugehen. Vor allem mit den Schmerzen in den Füßen und Händen. Ich weiß nicht, ob sich das je wieder regenerieren wird. Laut ärztlicher Aussage aus meiner onkologischen Klinik: „Wenn die Nerven dort einmal kaputt sind, sind sie kaputt." Bei der OP-Besprechung am Montag sagte mir die Ärztin in Hamburg allerdings: „Das bildet sich wieder zurück." Bei meiner Mama ist es nicht zurückgegangen, sie hat es behalten. Sie hatte keine Schmerzen, sondern das Kribbeln. Ich soll mich beim Neurologen melden, um medikamentös eingestellt zu werden, habe den Termin allerdings erst in drei Monaten bekommen. Bis dahin, fürchte ich, sind die Nerven dahin.

Es ist wirklich eine Krux mit unserem Gesundheitssystem, an vielen Stellen. Als ich mich in der Klinik in Hamburg für die OP vorgestellt hatte, hieß es: Bevor sie operieren würden, wollen sie wegen des auffälligen Schattens auf der rechten Seite der Brust ein MRT von der Thorax-Wand haben. Ein direktes MRT von der Thorax-Wand aber gibt es nicht, sondern nur eins auf Brustebene. Ich fragte in meiner onkologischen Klinik nach, es hieß, ein MRT von der Brust könne erst gemacht werden, wenn meine Behandlung abgeschlossen sei, vorher würde die Kasse das nicht bezahlen. Es war zum Verzweifeln, ich war schon so weit, diese Aufnahme selbst zu bezahlen, damit die OP in Hamburg im vorgesehenen Zeitrahmen nach der Chemo gemacht werden könne. Der Chirurg aus Hamburg sprach daraufhin mit der Klinik und zeigte auf, wie relevant das MRT für die OP sei. Sie müssten dafür unbedingt wissen, was in der Thorax-Wand los sei. Letztendlich willigte die Krankenkasse ein, allerdings unter der Bedingung, dass das MRT in Hamburg im Rahmen der dortigen OP gemacht würde. Ich musste also wieder nach Hamburg fahren, obwohl ich unter der Chemo andere Sorgen und wenig Kraft hatte. Immer wieder im Laufe dieser Jahre frage ich mich: Muss das so sein? Gibt es da nicht andere Wege? Weshalb bin ich als Schwererkrankte ständig in der Rolle der Bittstellerin? Wenn mir Menschen, die ich zufällig an bestimmten Positionen kenne, allerdings anbieten, für mich unter der Hand Dinge zu arrangieren, merke ich deutlich: Ich möchte auch keine Extrawurst, während alle anderen sich gedulden müssen. Ich möchte nicht „Vitamin B" spielen lassen, um schneller an Termine zu kommen. Ich möchte den „normalen" Weg gehen, den alle nehmen müssen – und finde es traurig, dass es uns Erkrankten oft so schwer gemacht wird.

Dazu kommt, dass ernsthaft krank zu sein richtig teuer ist. Ich bekomme knapp siebenhundert Euro Krankengeld, wovon sich eh schon nicht leben lässt. Zu jeder Chemo muss ich dazuzahlen, die Taxifahrten hin und zurück muss ich anteilig selbst bestreiten. Meinen Freistellungsantrag konnte die

Krankenkasse noch nicht bearbeiten, bis dahin muss ich mit allem in Vorkasse gehen.

Zugleich weiß ich: Mit dem deutschen Gesundheitssystem kann ich mich vergleichsweise glücklich schätzen, auch wenn ich einiges privat bezahlen muss. Wäre ich in einem anderen Land erkrankt, hätte das für mich ganz anders ausgesehen. Durch die Krebserkrankung habe ich mittlerweile Schwerbehindertenstatus und damit zum Beispiel auch einen höheren Urlaubsanspruch und besseren Kündigungsschutz – worauf ich natürlich liebend gerne verzichtet hätte.

Ich hoffe, dass ich dazulerne, wenn ich irgendwann wieder ins Angestelltenverhältnis zurückkehren sollte. Mein Leben lang habe ich gearbeitet, auch wenn ich krank war. In der Kindertagespflege wusste ich: Die Eltern sind auf mich angewiesen, ich kann nicht absagen. Alle müssen arbeiten gehen. Später spürte ich, wie sehr Krankmeldungen den Praxisalltag herausfordern. Vielleicht habe ich genau deshalb jetzt für die Zukunft ganz bewusst nochmal diese Entscheidung getroffen: „Wenn ich krank bin, melde ich mich krank – ohne Rücksicht auf Chefs oder Kollegen." Klar tut es mir leid in solchen Fällen, aber es ist mein Leben, und es ist mein Körper – und das gibt mir keiner zurück.

Das Urteil

Gestern habe ich von der Klinik gehört, dass meine Ergebnisse anders als erwartet noch nicht vorliegen und ich mich übers Wochenende und bis Dienstag gedulden müsse. Das ist total beunruhigend, denn eigentlich hätten meine Mitpatientin und ich den Termin zur Nachbesprechung der OP-Ergebnisse heute Vormittag gehabt. Sie schrieb mir: „Ich hatte mich so gefreut, dich wiederzusehen, jetzt sehe ich in deinem Status, dass du nicht kommst!" Ich war erstaunt und fragte: „Hast du keinen Anruf bekommen, dass die Ergebnisse noch nicht vorliegen?" „Nein", war ihre Antwort, „scheint alles wie geplant zu laufen." Das ist merkwürdig, denn sie war sechs Stunden nach mir operiert worden und hat den gleichen Tumor wie ich.

Wir waren zu dritt gewesen, alle sollten wir in der vergangenen Woche am Mittwoch zur Voruntersuchung im Krankenhaus sein. Zuerst spritzte man uns eine radioaktive Substanz, die dafür sorgt, dass der Lymphwächter lokalisiert werden kann. Wir dachten, wir könnten in der Zeit schon auf unsere Zimmer, und gingen auf die Station. „Nein, Ihre Zimmer sind noch nicht fertig", hieß es dort. Meine Mitpatienten setzten sich in den Aufenthaltsraum, ich wollte raus aufs Gelände, es war schönes Wetter. In der Kantine holte ich mir etwas zu essen und wartete auf den Anruf von der Station, wann es weitergehen würde. Um vierzehn Uhr sollten wir alle wieder in der Diagnostik sein, um uns den geplanten Untersuchungen zu unterziehen. Bei den anderen beiden wurden die Lymphwächter sofort gefunden, bei mir nicht. Ich musste mich zusätzlichen Untersuchungen unterziehen, die immer noch kein Ergebnis brachten. Schließlich konnte der Lymphwächter in einer einstündigen 3-D-Aufnahme eruiert werden. So lange lag ich in dem Gerät.

Als wir danach auf die Station kamen, erfuhren wir: „Ihre Zimmer sind immer noch nicht fertig. Wenn Sie Pech haben, müssen wir Sie heute wieder nach Hause schicken." Wir fielen aus allen Wolken, inzwischen war ich durch die Prozedur recht mitgenommen und dachte: Das kann nicht wahr sein! Auf der Station versprach man, etwas zu organisieren, um uns unterzubringen. Halb sechs war es dann so weit: Zwar lagen wir nicht zusammen, aber ich tauschte mit einer der Mitpatientinnen die Telefonnummern aus.

Meine Bilder aus dem 3-D-Scan wurden im Laufe des Abends ausgewertet. Hätte irgendetwas gegen die OP gesprochen, wäre ich darüber informiert worden. Ich erfuhr am nächsten Tag, dass hinter dem Lymphwächter noch ein Lymphknoten aufgeleuchtet hatte. Ganze fünf Lymphknoten wurden in der OP mitsamt dem Krebsgewebe, das am Tumor gehangen hatte, großzügig entfernt. Entsprechend sieht meine Brust jetzt aus. Es klebt nur ein klitzekleines Pflaster auf dem Eingriffsloch, aber innerlich ist alles blau und grün. Es wurde sehr weiträumig darin operiert, das Gewebe schmerzt heftig und fühlt sich sehr hart an, ich hantiere pausenlos mit Kühlpacks.

Nachdem ich operiert worden war, war die Ärztin an mein Bett gekommen und hatte gesagt: „Es ist alles gut gelaufen, wahrscheinlich können Sie morgen wieder nach Hause." In dem Moment dachte ich bei mir: Was, morgen schon? Eigentlich hätte es mich froh gemacht, im Normalfall bin immer ich diejenige, die nicht schnell genug entlassen werden kann. Raik hatte vorbeugend klargestellt: „Du bleibst so lange im Krankenhaus, wie du sollst! Du meckerst nicht herum!" Dazu kam ich gar nicht erst, denn Freitagfrüh während der Visite hieß es tatsächlich: „Alles okay, Sie können Ihre Sachen packen." Das war noch nicht einmal vierundzwanzig

Stunden nach dem Eingriff. Kurz nach elf holte mich schon das Taxi ab. Damit hatte ich nicht gerechnet.

Viele fragten mich: „Wann ist denn deine Drainage gezogen worden?" Ich sagte: „Ich habe gar keine bekommen." Wahrscheinlich, weil der Schnitt so klein war. Ich hatte nach dem Eingriff eine halbe Stunde auf dem Zimmer verbracht und geschlafen, dann hatte ich geklingelt, weil ich zur Toilette musste. Die Schwestern wollten mir helfen, ich wehrte ab: „Ne, ne, ich gehe alleine." Danach bat ich darum, dass sie mir den Zugang an der Hand ziehen. Ich schlief noch eine Stunde bis halb vier, dann ging ich zum Schwestern-zimmer und fragte, ob ich zur Cafeteria dürfe: „Ich will mir etwas zu essen holen." „Wir können Ihnen gern etwas von dort bestellen, Frau Henning." Ich lachte: „Ich gehe lieber selbst runter." „Aber nicht, dass Sie uns umkippen, Frau Henning." „Alles gut", beruhigte ich sie. Es war anderthalb Stunden nach der OP.

Meine Bettnachbarin war zwei Tage vor mir operiert worden und bisher nicht aufgestanden. „Was machst du da, Mareike?", sagte sie, „ich traue mich immer noch nicht aus dem Bett." Ich sagte: „Ich muss gleich hochkommen, das wird sonst immer schwerer!" „Es tut mir alles so weh", klagte sie. Sie hatte eine Drainage und einen Katheder: „Lass dir den Katheder ziehen", riet ich ihr. „Du bist ein richtiges Vorbild für mich", staunte sie. „Bist du das erste Mal operiert worden?" „Nein", ich schmunzelte, „es ist meine neunte OP." „Okay", lachte sie, „für mich ist es das erste Mal." Sie war supernett, vierundzwanzig Jahre alt, es passte gut mit uns beiden.

Als ich zur Cafeteria kam, war diese schon geschlossen. Was machst du jetzt?, fragte ich mich. Ich lief aufs Gelände und ging bei EDEKA einkaufen, frisch operiert. Wie abenteuerlich ich aussah, hatte ich mir gar nicht bewusst gemacht und erschrak selbst, als ich mich im Spiegel sah. Mein Hals war bis zum Gesicht hinauf mit Jod beschmiert. Als wäre ich vom OP-Tisch entwischt.

Als ich Freitagnachmittag nach Hause kam, ruhte ich mich ein bisschen auf der Terrasse aus, es war schönes Wetter. Lange hielt ich es dort aber nicht aus. Drei Tage später, am Pfingstmontag, fuhren Raik und ich nach Hamburg, um die Hafencity unsicher zu machen. Es war herrlich sonnig, wir liefen viel, und ich fühlte mich fit. Als wir zum Auto zurückkehrten, merkte ich, was ich geleistet hatte. Meine Beine taten mir weh, und ich hatte die Brust über den Tag nicht gekühlt, das bekam ich zu spüren. Raik schimpfte: „Ich habe es gleich gesagt, du machst zu viel." Unterm Strich aber waren wir beide froh, den Ausflug unternommen zu haben. „Das sollten wir viel öfter machen", waren wir uns einig. „Das ist die beste Ablenkung." Klar muss zuhause der Garten auch gepflegt werden, aber dieses Grübeln immerzu, das tut nicht gut. Es war befreiend, mit dem Ausflug alles einfach mal hinter uns zu lassen und vergessen zu dürfen.

Gern hätten wir Joris mitgenommen, aber er hatte seit Sonntagabend gesundheitliche Probleme. Ich denke, das hat mit dem Warten auf meine Ergebnisse und meine Nachbesprechung zu tun. Er macht sich Gedanken. Mein Vater und mein Bruder überspielen die Situation gekonnt. Mirco hatte Geburtstag an dem Tag, an dem ich ins Krankenhaus kam. Morgens hatte ich ihm geschrieben, und die Torte, die ich für ihn bestellt hatte, brachte meine Freundin ihm vorbei. Meine Geschenke auch. Er war richtig gerührt, abends stellte er ein Bild von der Torte in seinen Status, dazu die Worte: „Danke, dass es dich gibt und dass du in solch schweren Zeiten und obwohl du nicht da bist und keine Zeit hast, es trotzdem schaffst, nicht nur an mich zu denken, sondern mir auch noch etwas zukommen lässt!" Ich hatte Tränen in den Augen, als ich das las.

Viele von Mircos Kollegen spendeten an seinem Geburtstag auf meiner Crowdfunding-Plattform für mein Buchprojekt. Über diese Plattform, aber auch über meinen Instagram-Account hat sich mittlerweile ein großes Netzwerk gebildet. Teils Freunde, Kollegen und Bekannte, teils Mitpatienten aus den unterschiedlichsten Zusammenhängen, die natürlich sehr mitfühlen können, was ich durchmache. „Mach dir keinen Kopf", schrieben gestern viele. „Wir wissen, wie du dich fühlst. Aber versuch, dir keine Gedanken zu machen. Die pathologischen Ergebnisse werden gut sein."

Natürlich hatte die Ärztin, die mich anrief, eine logische Erklärung für die Verzögerung. Ich nehme an, dass die Onkologin es mit mehreren Ärzten besprechen will, sie sagte, ich solle mich bitte am Mittwoch kommender Woche vorstellen, dann sei alles in der Tumorkonferenz besprochen worden. Das ist es, was mich stutzig machte. Raik hatte sich heute frei genommen und wird das für Mittwoch wieder tun: „Da fährst du nicht alleine hin!", stellte er klar. Ich habe Angst vor dem Termin, das spürt er.

Bis gestern war ich positiv. Ich schrieb allen, die mir für den Besprechungstermin Gutes gewünscht hatten und die Daumen drückten, dass ich fest davon überzeugt sei, den Krebs besiegt zu haben. Aber seit dem Anruf der Ärztin habe ich Zweifel. Die Geschichte meiner Mama holt mich immer wieder ein. Ich glaube, so richtig mitfühlen kann das nur jemand, der diese Situation selbst schon durchlebt hat, der als Krebspatient dieses bange Warten auf die Ergebnisse kennt. Das ist eine Ausnahmesituation. Es fühlt sich an, als warte ich auf ein Urteil. Ein Schicksalsurteil. Es hat etwas Absolutes, von dem das Leben abhängt.

Ich hoffe, eines Tages werde ich begreifen dürfen, wozu all das gut ist, was ich gerade durchleben muss. Durch den Traum habe ich eine Perspektive von einer anderen Ebene aus. Meiner Mama und meiner Oma wird dort, wo sie jetzt sind, völlig klar sein, worum es geht.

Der erste Schritt

Für uns als Familie ist es gerade die schwierigste Phase seit Beginn meiner Gendiagnose vor sechs Jahren. Sechs Monate Chemo liegen hinter mir, Monate, in denen wir als Familie in einer völligen Ausnahmesituation waren. Und plötzlich finde ich mich wie in einem bösen Traum wieder: Seit Mittwoch liegt mir das Ergebnis meiner jüngsten OP schwarz auf weiß vor: „Non-PCR". Das bedeutet, es gibt keine sogenannte pathologische Komplett-remission. Mit anderen Worten: In dem Gewebe, was meiner Brust bei der OP entnommen wurde, ist noch minimales aktives Krebsgewebe nachge-wiesen worden. Mein Tumor war nur einen Zenti-meter klein, davon sind jetzt noch 2,3 Millimeter vorhanden. Die Chemotherapie und ich haben es leider nicht geschafft, den Krebs zu beseitigen.

Durch die OP gelte ich zurzeit als „krebsfrei". Aber man weiß, dass die Chemo leider nicht das bewirkt hat, was sie bewirken sollte. Ich muss mich also noch einer Bestrahlung unterziehen. Danach sind vier

Wochen „Erholungspause" für den Körper vorgesehen, dann folgt im Anschluss noch eine einjährige adjuvante Erhaltungstherapie in Form täglicher Tabletteneinnahme. Wie es mir damit gehen wird, ist ungewiss. Manch eine kann arbeiten während dieser Zeit, bei anderen geht das nicht. Bei jedem Patienten zeigen sich die Nebenwirkungen anders. Eine extrem niederschmetternde Aussicht für mich.

Zuerst aber muss meine Brust nach der OP abheilen, was sich langwierig gestaltet, denn mein Immunsystem ist durch die starke Chemo sehr in Mitleidenschaft gezogen worden. Ich habe drei innenliegende Hämatome nebeneinander, momentan kann noch nicht einmal richtig punktiert werden, wenn ich einmal wöchentlich in die Klinik nach Hamburg fahre, weil das Gewebe so hart und fest ist.

Am Mittwoch soll ich zur Vorbesprechung beim Strahlenarzt, dann erfahre ich, wie häufig die Bestrahlung erfolgen wird. Normalerweise bestrahlt man punktuell, dort, wo der Tumor vor der OP gesessen hat. Bei mir wird allerdings die ganze Brust bestrahlt, wahrscheinlich weil es kein eigentliches Brustgewebe mehr gibt. Insgesamt sind zwanzig Bestrahlungen vorgesehen.

Momentan setzen mir die Schmerzen in den Knochen und Gelenken, die unter der Chemo kamen, heftig zu. Gestern war ich für drei Stunden mit einer Freundin auf unserem Altstadtfest, hinterher tat mir alles weh. Laufen und Stehen über einen längeren Zeitraum hinweg ist eigentlich unmöglich. Ich erklimme die Treppen zuhause wie eine Achtzigjährige. Dazu kommt, dass mir ständig Dinge aus der Hand fallen, weil ich kein Gefühl in den Fingern habe. Wenn sich das nicht bald legt, wollen die Ärzte mich in der Orthopädie der Klinik vorstellen. Ob und was die Orthopäden allerdings ausrichten können, weiß niemand.

Meine Krankheit hat viel kaputt gemacht.

Raik: Sie hat Einfluss auf alle Bereiche des Lebens, auch auf den ganz normalen Alltag.

Ja, alles ist in Mitleidenschaft gezogen. Vor allem weiß ich, dass es Raik und Joris gerade nicht gut geht. Raik hat Stress in der Firma – und muss abends zusätzlich noch im Haushalt helfen, weil ich es nicht schaffe. Raik sagt: „Das ist doch Blödsinn!" Mir tut es leid, wenn er so viel arbeiten muss und ich zuhause sitze und manchmal nichts tue. Es wäre mein Anspruch, die Hausarbeit zu bewältigen, aber ich fühle mich völlig hilflos. Wie gern würde ich arbeiten gehen, damit alles wieder normal läuft. Ich fühle mich so, als wenn meine Krankheit alles in unserem Leben erschwert. Ich habe getan, was ich tun konnte, um das Erkrankungsrisiko zu minimieren, und trotzdem ist die schlimmste nur denkbare Situation für uns alle entstanden.

Raik: Mein Standpunkt ist: Es gibt keine Alternative zu dem, was wir gerade tun. Wir alle müssen die Schwierigkeiten meistern, die diese Situation mit sich bringt. Es ist für uns alle schwer, am allerschwersten aber ist es für Mareike. Für mich ist das Schlimmste, ihre Hilflosigkeit zu sehen. Wie viel ich im Haushalt machen muss, spielt keine Rolle. Das, was ansteht, übernehme ich auch sonst, nicht nur, weil sie gerade krank ist. Das Belastende ist, dass aktuell über allem der Krebs steht. Wenn wir gerade nach Ursachen für bestimmte Zusammenhänge suchen, kommen wir immer wieder auf das eine. Man sagt schnell: Das liegt vielleicht an der Krankheit! Ob das tatsächlich immer die Ursache ist, sei dahingestellt. Viele Dinge wären vielleicht auch ohne den Krebs geschehen, nur dann hätten wir sie leichter verarbeiten können. So kommt es auf das Riesenpaket obendrauf und kulminiert in einem

Knoten, der uns die Kräfte raubt. Meine Hauptsorge
ist: Werden wir jemals durch sein mit dem Thema?

Vor Kurzem hat Joris uns eröffnet, dass er nicht mehr zur Schule gehen, sondern über ein Freiwilliges Soziales Jahr im Bereich Sport das Fachabitur erlangen möchte. Er hat in der momentanen Situation keinen Kopf mehr für die Schule. Eigentlich hatte er versprochen, sein Abitur zu machen, hatte es aber wohl nur mir zuliebe getan, weil ich gesagt habe: „Mein Ziel ist es, auf dem Abiball 2025 mit dir zu tanzen!"

Joris: Ich habe in letzter Zeit gemerkt, wie gut es mir
tut, einfach mal einen schönen Abend mit Freunden
zu verbringen und alles andere zu vergessen. Früher
habe ich immer gerne Fußball gespielt, bin mehrmals
in der Woche ins Fitnessstudio gegangen, habe mich
proteinreich ernährt und Kalorien gezählt. Durch
das, was mit Mama gerade passiert, habe ich die
Lust an allem verloren. Ich saß nur noch zuhause
auf meinem Bett und hatte keine Lust mehr, etwas
für die Schule zu machen oder Freunde zu treffen. Ich
habe nicht so viel mitbekommen von meinen Eltern
in den letzten Jahren, ich war eher für mich, war viel
alleine in meinem Zimmer. Bei mir ging monatelang
nichts mehr, und ich habe mit niemandem drüber

sprechen können. Ich rede nicht gern mit anderen über meine Probleme. Ich habe auch das Gefühl, es ändert nichts: Die Probleme bleiben trotzdem da.

Raik: Ja, dieses Reden ist bei uns grundsätzlich in den vergangenen Monaten zu kurz gekommen. Jeder von uns war und ist enorm mit sich selbst beschäftigt und bemüht, allem gerecht zu werden. Vielleicht ist es auch ein Schutz, bestimmte Dinge nicht an sich heranzulassen oder wahrhaben zu wollen. Ich stehe oft hilflos davor. Ich kann zehnmal am Tag zu Mareike sagen: „Es wird alles gut!", aber ich kann es nicht ändern, und ich kann ihr die emotionale Last nicht abnehmen.

Ein typisches Beispiel ist der Abend, an dem wir in die Notaufnahme gefahren sind, weil meine frisch operierte Brust aus der Narbe blutete. Ich wurde in dasselbe Zimmer geführt wie Ende Oktober, als ich zur Untersuchung meines frisch entdeckten Knotens in der Brust dort war. Diese gesamte Situation kam auf einmal wieder in mir hoch, ich dachte: Wenn jetzt auch noch die Ärztin zur Tür reinkommt, die mich damals mit den Worten „Es ist alles eine Kopfsache" nach Hause geschickt hat, dann ist es um mich geschehen. Ich begann furchtbar zu weinen und zitterte am ganzen Körper. Raik versuchte, mich zu trösten: „Alles wird gut." In dem Moment hätte ich ihm den Hals umdrehen können, so schwer war es für mich. Ich konnte ihm nicht mitteilen, was dieser Raum in mir auslöste. Ich hatte Mühe, einen Rest von Fassung zu bewahren. Solche Zustände kann ich bei mir selbst kaum ertragen.

Dann sagte der Arzt zu mir, ich solle am nächsten Tag nochmals operiert werden. Ich müsse jetzt entscheiden, ob ich gehen oder bleiben wolle. Das alles überforderte mich völlig. Am Ende nahm Raik mich mit nach Hause, und wir fuhren am Sonntagmorgen in die Notaufnahme nach Hamburg. Dort wurde ich punktiert, es hieß: „Das operieren wir nicht." Ich weiß inzwischen nicht mehr, wem ich noch glauben kann. Ich habe keine Ahnung, was richtig und was falsch ist. Überall sagen die Fachleute etwas anderes. Ich bin völlig auf mich selbst gestellt, bei jedem Schritt. Ich weiß noch nicht einmal, ob es die richtige Entscheidung war, die rekonstruierte Brust zu behalten.

Seit gut sieben Monaten leben wir mit dem Krebs, seit sechs Jahren leben wir mit dem Ergebnis des Gentests und den Konsequenzen, die ich gesundheitlich daraus gezogen habe. Seitdem ist unser Leben durch meine vielen OPs extrem beeinträchtigt. Auch wenn ich niemals mit der Möglichkeit gerechnet hatte, tatsächlich einen Tumor zu entwickeln. Dazu kam Mamas Erkrankung, die ja gleichzeitig geschah. Dann das Schicksal meiner Oma. Zeitgleich Corona und die immensen Folgen, auch für meine Selbständigkeit. Es gab nie Ruhe, wir kamen nie dazu, Atem zu schöpfen. Und tatsächlich haben wir in all dieser Zeit immer noch nicht gelernt, miteinander zu reden. Jeder versucht mehr oder weniger, die Geschichte mit sich selbst auszumachen. Ich will Joris und Raik schützen und teile deswegen viele meiner Ängste nicht ...

Raik: ... und ich will natürlich alles hören von Mareike. Wir müssen als Familie durch dieses Nadelöhr. Vor was will sie mich schützen? Natürlich hätten wir uns das alle anders vorgestellt. Andererseits hilft es auch nichts, zu sagen: Wäre es nur anders gewesen! Denn wer weiß, was stattdessen gewesen wäre. Das Belastende ist, dass es seit dem Gentest, der Erkrankung meiner Schwiegermutter und Mareikes OPs in den darauffolgenden Jahren kein anderes Thema mehr gab. Alles war auf die Abwendung der Krankheit fokussiert. Keiner von uns hatte sich ausgemalt, dass die OPs und die immensen Nachwirkungen so viel Raum einnehmen und uns jahrelang begleiten würden. Diese Folgen und die Auseinandersetzung damit

haben den gesamten Alltag eingenommen, wenn ich
es mal drastisch auf den Punkt bringe. Davor hatten
wir andere Themen, die vielleicht nicht so tiefgründig
oder existenzbedrohend waren. Wir haben uns über
Dinge aufgeregt, von denen wir rückblickend sagen
würden: Da könnten wir doch drüber lachen!

Die letzten sechs Jahre haben mich so verändert,
dass ich gar kein Gefühl mehr für die Mareike
habe, die ich davor war. Das ist weit weg. Ich kann
auch nichts benennen, was sich für mich positiv
verändert hätte in dieser Zeit. Die Starke war ich
schon immer. Ich habe mich schon immer um alle
gekümmert. Das Einzige, was jetzt anders ist, ist,
dass ich sage: „Jeder Tag könnte der letzte sein." Ich
möchte alles genießen! Jeden Moment! Zugleich
ist es nicht so, dass ich die Situation anders wahrnehmen und genießen würde. So etwas wie unseren
Pfingstausflug in die Hafencity machen wir viel zu
selten. Seit Jahren sagen wir: „Das müssten wir viel
öfter machen!", aber wir machen es nicht. Raik ist
oft einfach nur froh, zuhause zu sein und nichts
zu tun.

Raik: Ja, man verfällt viel zu schnell wieder in den
normalen Alltag. Man nimmt sich viel vor, ist dann
aber froh, wenn einfach mal nichts ist. Dabei sind

es oft die kleinen Dinge, die mein Herz erfreuen: Einfach mal zuhause im Garten sitzen ... Oft habe ich viel zu viel vor. Dadurch kann man sich selbst auch ganz schön Druck machen. Wo wir überall schon hinwollten. Nicht unbedingt ins Ausland, sondern Dinge in der Umgebung, die man sehen will. Und der Druck wird jetzt noch höher, weil wir meinen, es könnte bald alles zu Ende sein. Ich glaube, wir hatten immer schon diese Gedanken: „Au ja, lass uns das machen!", und gefühlt ist immer irgendwas dazwischengekommen. Meist der Alltag.

Wir funktionieren viel zu sehr.

Raik: Vor allem du. Es gab in den letzten Jahren kein Wochenende, von dem man hätte sagen können: Mareike hat nichts vor. Zuerst durch die Krankenhausaufenthalte und die Nachsorge, die Narbenpflege, dann durch deine Mutter und deine Oma, danach durch deinen Vater und deinen Bruder oder den Zusatzjob. Es waren Termine, wo du irgendeine Zuständigkeit übernommen hast und dir auch ein schlechtes Gewissen gemacht hättest, wenn du es eben nicht übernommen hättest. Es gab kein Wochenende, an dem wir spontan hätten sagen können: „Au ja, lass uns mal das und das machen!" Viel zu viel musste immerzu erledigt werden. Jetzt ist uns nochmal drastisch bewusst geworden, dass man besondere, spontane Dinge öfter machen sollte.

Ja, es wäre schön, solche Oasen im Alltag zu schaffen. Bloß im Moment machen wir es nicht. Das liegt unter anderem an deiner Arbeit. Ich merke, dass dich das wirklich einnimmt und dass du auch abends zuhause keine Lust mehr hast, darüber zu sprechen. Jeder von uns macht abends vor dem Fernseher sein Ding, um runterzukommen. Wir kennen es nicht, uns gemeinsame Momente zu erschaffen. Wir kommen manchmal gar nicht drauf. Von Freunden weiß ich, dass sie einmal im Monat einen Pärchenabend haben. Das gab es bei uns nicht, der Fokus darauf fehlte. Es hat sich immer alles um andere gedreht. So war es viele Jahre lang, und jetzt kommt meine Krankheit on top.

Raik: Nach dem Tod deiner Oma gab es die Hoffnung, dass jetzt ein wenig Ruhe eintreten würde, dass wir Zeit finden würden, uns mal um uns selbst zu kümmern. Gerade diese eine Woche auf der AIDA waren Tage, in denen wir sagten: „So stellen wir uns Urlaub vor!" Wir haben vieles einfach zu zweit unternommen und es als wunderschön erlebt. Wir haben es unglaublich genossen! Und dann kam der Schlag ins Gesicht.

Ja, es war der Punkt, an dem wir das Gefühl hatten: „Das kann doch nicht wahr sein! Was denn noch alles!"

Raik: Ja, alle Hoffnung war dahin! Es fühlt sich auch resignativ an. Obwohl es eigentlich erst recht wichtig wäre ... Gerade sind wir sehr mit Zukunftsfragen beschäftigt: Wie geht es überhaupt weiter? Wie wird es in einem Jahr sein? In zwei Jahren? Merkt man vielleicht in drei Jahren aufgrund der Diagnosen, dass man sich wieder Sorgen machen muss? Ist es dann womöglich sogar schlimmer als jetzt? Das ist völlig ungewiss. Mareike hat alles getan, um die Krankheit zu verhindern. Irgendwann hatten die OPs ein Ende, irgendwann fühlten wir uns sicherer. Das ist jetzt wieder total über den Haufen geworfen. Bei vielen Dingen, die wir planen, fragen wir uns: Wie wichtig sind die noch? Wir sind gezwungen, im Moment zu denken. Nicht: Was ist uns in fünf Jahren wichtig? Sondern: Was ist es jetzt?

Und dennoch: Wie oft ertappen wir uns dabei, so alltagsgebunden zu sein, dass wir unsere Wünsche eben nicht so umsetzen, wie wir es tun sollten. Gerade jetzt. Wir verfallen wieder in das alte Muster. Die Chemo ist vorbei, die OP ist durch: Jetzt ist ja alles gut! Und schon herrscht wieder Alltag, Normalität, und wir nutzen nicht die besonderen Momente.

Die Monate mit der Chemo haben uns das Ausmaß der Krankheit so richtig vor Augen geführt. Der Abend, an dem Mareike auf dem Sofa lag und nur an die Decke gestarrt hat – ohne dass der Fernseher lief, ohne dass das Radio angeschaltet war, war für mich unerträglich. Ich kenne das von meiner Mutter aus der Zeit ihrer Erkrankung, auch da war es schlimm für mich. Ich reagierte genauso wie mein Vater damals, ich bat Mareike sehr bestimmt: „Tu das bitte nicht. Mach einfach den Fernseher an, egal, was da läuft." Ich habe ihre Krankheit wirklich sehen können.

Jetzt geht es scheinbar bergauf, das sieht man nicht nur daran, dass ihre Haare wieder wachsen, sondern auch daran, dass die anderen Nebenwirkungen der Chemo nachlassen. Das heißt längst nicht, dass alles gut ist, aber ich merke, wie ich wieder ins Alltägliche verfalle. Ich habe viel zu tun, bin spät erst zuhause, das nervt mich selbst. Ich hätte für mich selbst gern mehr Ruhe, nehme aber meine Jobthemen mit nach Hause und verlange von mir selbst, dass alles perfekt ist. Ich kann fünfe nicht gerade sein lassen und die Prioritäten anders setzen. Jeder in der Firma hat Verständnis für meine Situation, nur mir selbst fällt es schwer, mich darauf einzulassen und dann wirklich zu sagen: „Ich bleib jetzt mal eine Woche zuhause."

Da haben Mareike und ich tatsächlich ein ähnliches Muster. Beide lassen wir andere ungern etwas übernehmen, wir sorgen am liebsten selbst dafür, dass alles läuft. Ob sich das umlernen lässt, weiß ich nicht. Es sagt sich so leicht, aber in der Praxis gelingt es selten. Dabei glaube ich, letztlich würde gar nicht viel passieren, wenn ich es tun würde. Ich habe keine große Angst. Es ist einfach mein eigener Standard.

Als Mareike unter der Chemo litt, war das anders. Mein Kopf war voll, und ich war nicht immer bei der Sache. Ich konnte manchmal gar nicht arbeiten, ich musste nach Hause gehen. Das fiel mir dann nicht schwer. Oftmals war es dann eher Mareike, die meine Hilfe und mein Dasein nicht an sich herangelassen hat. Die weiterhin ihre Stärke demonstrierte und alles selbst übernahm. Das gibt mir und vielen anderen dann das Gefühl: So schlecht kann es ihr ja nicht gehen! Viele erleben Mareike in dieser herausfordernden Situation eher noch stärker, noch mutiger, noch tapferer, als sie eh schon war.

Alle sagen mir, ich würde viel gesunder aussehen. Dass ich mich nicht gesunder fühle, steht auf einem anderen Blatt.

Raik: Ja, du lässt es dir nicht anmerken. Jeder bietet Hilfe an, aber du lässt sie nicht zu. Und so sieht jeder immer nur deine starke Seite. Das ist schon immer so gewesen – und ist weiterhin so. Keiner bekommt von außen mit, wie schlecht es dir eigentlich geht. Und du stellst es schnell auch positiv dar, sagst dann: „Schau mal, meine Haare wachsen wieder." Und es ist eben nicht nur positiv.

Ich kann noch nicht mal sagen, was das Schlimme für mich daran wäre, wenn die anderen mich schwach sehen würden. Ich weiß es nicht. Ich will einfach nicht die Schwache sein. Meine Mutter und meine Oma waren starke Vorbilder. Selbst in der Endphase ihrer Erkrankung, als ich meiner Mutter gewünscht hätte, dass sie sich mal fallen lässt, hat sie noch die Starke gespielt. Und auch ich möchte immer die Starke sein. Vor allem vor meinem Sohn. Das haben wir ihm immer so vorgelebt.

Raik: Meine eigene Mutter habe ich mehrere Jahre mit der Krankheit erlebt. Es war ein ständiges Auf und Ab. Sie war vom Typ her ähnlich veranlagt wie Mareikes Mutter. Am liebsten sollte keiner ihre Schwäche mitbekommen, sie wollte sich nicht damit zeigen. So, wie ich das eigentlich von den meisten Familien um mich herum kenne: Die Frauen sind die Starken, die die

Familie zusammenhalten, die Männer gehen nach außen und konzentrieren sich auf ihre Arbeit. Als meine Mutter schwerkrank wurde und irgendwann dem Sterben näher kam, erlebte ich meinen Vater ganz neu. So fürsorglich und auch selbständig hatte ich ihn noch nie im Haushalt wahrgenommen. Es war, als übernähme er ihre Rolle. Ich war richtig stolz auf ihn. Früher hatte er eher alles außen herum gemanagt, hatte gearbeitet, sich aber nicht so sehr für das innere Wohl der Familie eingesetzt. Das war die Rolle meiner Mutter gewesen, sie hätte es nicht anders gewollt. Jetzt wuchs er selbstverständlich in diese Aufgabe hinein. Er brauchte nicht dazu überredet zu werden, ich erlebte ihn irre fokussiert darauf. Manchmal war das nicht leicht, er sah nur einen Weg: den, den er beschritt. Er ließ wenig anderes zu, das muss man als Sohn stehenlassen können.

Wir saßen gemeinsam am Sterbebett meiner Mutter und haben sie bis zum letzten Atemzug begleitet. Es waren sehr eindrückliche Momente.

Ich hatte das alles nie gewollt. Es war Mareike, die mich ein Stück weit in diese Position geschubst hatte, als klar wurde, dass meine Mutter nicht mehr lange leben würde. Ich wollte die Krankheit damals nicht sehen. Weil wir sehr weit entfernt voneinander lebten, hatte ich den Zustand meiner Mutter eher übers Telefon mitbekommen. Bis Mareike zu mir sagte: „Fahr hin! Nimm dir frei!" Im Nachhinein bin ich ihr sehr dankbar, dass sie mich dazu überredet hat. Es waren Erlebnisse, die mich geprägt und die Bindung zu meinem Vater auf eine ganz andere Ebene gehoben haben.

Erst haben wir die Thematik bei unseren Müttern begleitet, und jetzt fühlt es sich an, als wenn ich selbst alles noch einmal durchleben muss. Das macht mich sehr traurig. Ich hätte mir so erhofft, dass das Ende meiner Krebserkrankung – die Komplettremission – das Happy End dieses Buches wird.

Andererseits: Gibt es ein Ende? Es wird immer Kontrollen geben. Der Krebs wird also eigentlich ständig wie ein Damoklesschwert über uns hängen, greifbar bleiben.

Werde ich etwas verändern in meinem Leben? Werde ich zulassen, dass mein Leben neu wird? Wie würde ich meine Freiheit nutzen, wenn die Krankheit tatsächlich besiegt wäre?

Es stimmt, wenn ich nicht die Schritte gehe, bestimmte Muster in meinem Leben zu verändern, wird sich nichts ändern. So klein diese Schritte auch sein mögen. Wie fülle ich mein Leben, wenn die alten Verantwortlichkeiten nicht mehr greifen? Ich habe keine Ahnung. Ich weiß es nicht, weil ich nie dazu gekommen bin, mich um mich zu kümmern. Weil ich es nicht anders kenne, als alles für alle anderen zu übernehmen. Wir haben unseren strukturierten Alltag, es muss halt laufen. Ich weiß nicht, was wir machen würden, wenn wir mehr Zeit hätten.

Wofür will ich gesund werden? Was mache ich daraus? Wie fülle ich Freiräume, wie genieße ich sie? Was tun wir, wenn wir uns nicht in Abhängigkeiten begegnen, sondern Qualitätszeit miteinander verbringen?

Ich stelle mir vor, einen Fallschirmsprung zu machen und meiner Mama, meiner Oma und auch meiner Schwiegermutter Martina nah zu sein, wenn ich dabei durch den Himmel schwebe. Für mich bedeutet es das Gefühl von Freiheit. Mal kurz nicht an den Krebs zu denken.

Den Krebs zu überleben wäre für mich die größte Freiheit, die ich mir vorstellen kann. Wie würde ich dann leben wollen? Ich weiß es nicht. Am liebsten würde ich ausbrechen aus der gesamten Situation.

Aus dem ganzen momentanen Lebensalltag. Aber bisher kann ich mein Verhalten nicht ablegen, weil ich keinen alleinlassen will. Momentan sehe ich meinen Vater und meinen Bruder, wenn ich etwas hinbringe oder abhole. Unsere Begegnungen sind funktional geprägt. Ich habe meinen Vater als schwach wahrgenommen, meinen Bruder eigentlich auch. Ich weiß, es ist bei beiden angelernt, sie könnten auch ganz anders. Aber ich kann mir gerade noch nicht vorstellen, dass die beiden sich gut alleine versorgen geschweige denn miteinander klarkommen, wenn ich mich zurücknehme und mehr auf mich selbst schaue. Ich hätte Angst, sie gehen sich an die Gurgel, wenn ich den Schritt machen würde. Das wäre für mich sehr radikal. Gleichzeitig würde ich mir diese Unabhängigkeit wünschen, weil sie uns allen Freiheit schenken würde und wir uns dann in Liebe und mit Freiraum treffen könnten und nicht in gegenseitiger Abhängigkeit.

Joris: Mein größter Wunsch ist, dass meine Mama wieder gesund wird. Die Sicherheit zu haben, dass ich noch viel Zeit mit ihr verbringen werde. Ganz egal, was wir miteinander machen. Ich freue mich darauf, mit ihr diesen Sommer im Urlaub am Meer aus dem Flugzeug zu springen.

Ich auch! Seit zwanzig Jahren fahren wir jedes Jahr nach Usedom und wussten bisher gar nicht, dass man auf Usedom Fallschirm springen kann. Bis meine Freundin Julia mir vor Kurzem das Buch „100 Sehnsuchtsorte auf Usedom" schenkte. Dort habe ich den Hinweis gefunden und fragte Joris: „Wie ist es, hast du Lust, springen wir zusammen?"

Ich weiß genau, es braucht für mich den Mut zu springen – und den ersten Schritt zu machen. Daran arbeite ich.

Luftsprung

Gerade ist mein Kopfkino das Schlimmste für mich. Im Urlaub auf Usedom bekam ich schreckliche Unterleibschmerzen auf der linken Seite. Nicht durchgängig, aber immer wieder, ich dachte natürlich gleich: Jetzt hast du Metastasen, Mareike!

Das war nicht schön. Wie um das noch zu toppen, träumte ich am letzten Abend des Urlaubs von meiner eigenen Beerdigung. Es war ähnlich intensiv wie der Traum mit meiner Mama und meiner Oma und so echt, dass ich völlig perplex war. Joris stand mit seinen Freunden und seiner Fußballmannschaft Spalier, als meine Urne aus der Kirche getragen wurde, es war richtig makaber für mich, so etwas zu durchleben. Ganz furchtbar. Als wir zurückkamen, ging ich sofort zum Blutabnehmen. Ich musste checken lassen, was da los war, zumal ich wenige Tage später den OP-Termin für die Entfernung der Eierstöcke hatte. Zum Glück waren die Entzündungswerte okay.

Als ich am Montag zur OP ins Krankenhaus fuhr, nahm Raik sich ein Herz und bat den operierenden Arzt, während der OP nachzuschauen, was die Ursache meiner wiederkehrenden Schmerzen sei. Als ich aus der Narkose aufwachte, erzählte mir der Arzt, es habe abenteuerlich ausgesehen in meinem Bauch: „Das Gewebe einer stark fortgeschrittenen Endometriose war für Ihre Beschwerden verantwortlich. Auch die Außenwände von Darm, Blase und Beckenboden waren davon betroffen. Gut, dass wir alles gleich großflächig entfernen und einschicken konnten." Es klang, als sei es aufwändiger gewesen als die Entfernung der Eierstöcke. Wahrscheinlich hatte die Chemo mein Gefühl dafür eingedämmt, sodass die Schmerzen erst jetzt im späten Stadium auftraten.

Nun heißt es, wieder auf das Ergebnis der Gewebeuntersuchung zu warten. Bis kommenden Mittwoch muss ich mich gedulden. Als ich Montag wieder nach Hause kam, hatte ich das Gefühl, direkt in die Wechseljahre katapultiert worden zu sein: Ich hatte Schlafstörungen, Hitzewallungen, und auch tagsüber läuft mir jetzt regelmäßig der Schweiß. Ansonsten halten die Nachwirkungen sich in Grenzen: Im Vergleich zu den Brust-OPs war es ein minimalinvasiver Eingriff. Ich habe wirklich kaum Beschwerden.

Am Dienstag bespreche ich mit meiner Onkologin vor Ort meine Tabletten-Chemo. Sie übernimmt meinen Fall, nachdem in Hamburg alle OPs durchgeführt worden sind. Bislang weiß ich nur, dass es vier Tabletten am Tag für ein ganzes Jahr sein werden, ganz unabhängig von dem, was die Gewebeprobe ergibt. Einfach aus dem Grund, dass durch die lange Chemo keine Komplettremission erreicht werden konnte.

Den Monat mit der Bestrahlung direkt vor unserem Urlaub habe ich ganz gut überstanden. In den ersten drei Wochen, in denen die Brust breitflächig bestrahlt wurde, merkte ich bis auf die Müdigkeit wenig, mir ging es richtig gut – kein Vergleich mit der Chemo. Auch an der Brust war in diesen Wochen nichts zu sehen. Ich fragte irritiert nach, ob auf diese Weise überhaupt etwas „ankäme" am Gefahrenherd. „Doch, doch", hieß es, „die Nebenwirkungen treten meist erst später auf. Manchmal sogar erst nach Wochen." Dann kam die punktuelle Bestrahlung, und ich erlebte mein blaues Wunder. Sie wird „Booster" genannt und ist direkt auf den Punkt gerichtet, an dem der Resttumor sitzt. Unter meinem Arm hatte ich Brandwunden, die Brust änderte ihre Farbe und wurde bräunlich, als hätte ich mich wochenlang in zu starker Sonne aufgehalten, dazu kam ein Ausschlag überall zwischen den Brüsten und darunter. Es war schlimm für mich. Und es kann sein, dass ich in einem halben Jahr noch mit einer Lungenentzündung rechnen darf, weil natürlich auch die Lunge von der Strahlung betroffen ist.

Im Urlaub musste ich immer mit Strickjacke laufen und die Brust am Strand zusätzlich mit Handtüchern abdecken, um mich vor allzu starker Strahlung durch die Sonne zu schützen. Sobald es warm wurde, war es für mich ziemlich unangenehm. Wie um mich zu schützen, zeigte Usedom sich in diesem Jahr erstaunlich kühl und regnerisch. Das sind wir so nicht gewöhnt.

Aber am Abend unseres Fallschirmsprungs hatten wir geniales Wetter, eine unglaublich schöne Abendsonne, in die wir hineinsprangen. Es war der 25. Juli und damit auf den Tag genau drei Monate nach dem Ende meiner großen Chemo.

Ich fühlte mich vom ersten Moment an richtig gut verstanden und aufgehoben bei der Crew. Wir passten den Fallschirmgurt in aller Ruhe so an, dass er nicht auf meinen Port drückte, dann gab es eine kurze Einweisung. Überraschend schnell war der Moment des Losfliegens da.

Ich hatte gefragt, ob Raik mit aufs Gelände dürfe, um Bilder zu machen, und es ergab sich so, dass die Freundin meines Tandempiloten kurzerhand sagte: „Komm, ich nehme dich mit zu einem Spot, von dem aus wir gut sehen können." Auf die Frage, ob er nicht auch springen wolle, hatte Raik gekontert: „Einer muss das Auto nach Hause fahren."

Wir stiegen zu zehnt in die kleine Propellermaschine: vier Einzelspringer, Joris und ich mit unseren Tandempiloten und zwei Springer, die uns jeweils filmten. Ich hatte mir gewünscht, dass Joris vor mir springt. Als wir die volle Höhe von etwa viertausendfünfhundert Metern erreicht hatten, öffneten die, die vorne saßen, die Luke. Mir blieb die Luft weg, diese Menschen einfach so in den Himmel springen zu sehen ...

Dann war Joris an der Reihe, und mein Herz klopfte. Mir ging es nicht gut damit, mein Kind so ins Nichts fallen zu sehen. Ich blickte runter zur Erde und aufs Meer und konnte ihn nicht mehr entdecken. Mir blieb gar keine Zeit, darüber nachzudenken, da war ich schon an der Reihe. Vor Aufregung vergaß ich, meinem Fotografen die Hand zu reichen, als ich absprang. Zuerst kam dieser enorme Tunnel, in dem wir wahnsinnig schnell fielen, dann der Moment des

Rucks, in dem der Fallschirm sich öffnete und wir lange in der Luft kreisten, Joris durfte sogar selber lenken. Wir schwebten mit Blick aufs Meer, von der Abendsonne beschienen, es war unfassbar schön.

Alles ereignete sich so rasant und war so schnell wieder vorbei, dass mein Begreifen nicht hinterherkam – so, wie es mir mein Tandempilot prophezeit hatte. Ich bin froh, das Video vom Sprung zu haben und immer wieder ansehen zu können. Jedes Mal steigen mir dabei wieder Tränen in die Augen.

Als ich gelandet war, lief ich sofort auf wackeligen Beinen zu Joris, und wir umarmten uns innig. Wir lachten und weinten zugleich und wussten beide: Dieser gemeinsame Moment wird für immer in unseren Herzen sein, niemand wird ihn uns je nehmen.

Und: Wir springen wieder!

Liebe Mama,

heute ist ein besonderer Tag, denn heute feiern wir nicht nur deinen Geburstag, sondern auch die unglaubliche Stärke und den Mut, den du jeden Tag zeigst, besonders in diesen schweren Zeiten. Auch wenn du im Moment mit deiner Krankheit kämpfst, strahlst du immer noch Liebe und Freude aus.

An diesem Tag möchte ich dir für alles danken, was du für uns getan hast. Du warst immer für mich da, hast mich unterstützt und mir beigebracht, wie wichtig es ist, nie aufzugeben, egal wie schwer die Zeiten sind. Ich werde immer an deiner Seite sein, um dich zu unterstützen, egal was passiert. Du bist nicht allein in diesem Kampf, denn wir sind gemeinsam stark.

Ich wünsche dir vom Herzen alles Gute zum Geburstag. Lass uns diesen Tag feiern und schöne Erinnerungen schaffen.

Ich Liebe dich!
Dein Joris ♥

Das große Loch

Ich bin stolz auf mich, dieses extrem herausfordernde Jahr mit allen Chemos, Bestrahlungen und OPs richtig gut gemeistert zu haben. Über all die Monate war ich durch die verschiedenen Therapien angespannt und fokussiert, davor hatten mich jahrelang die anstrengenden Operationen und Therapien beschäftigt, um einen Krebs zu vermeiden. Jetzt, wo ich mich am Ende dieser akuten Maßnahmen wiederfinde, habe ich das Gefühl: Alles ist vorbei, ich stehe vor einem großen Loch – und falle manchmal sogar hinein.

Frei fühle ich mich nicht, denn ich habe noch nicht die Gewissheit, gesund zu sein. Der Fokus ist immer noch darauf gerichtet, endlich die Krankheit zu überwinden. Ständig habe ich irgendwelche Wehwehchen, und sofort setzt mein Kopfkino ein, ich rotiere, rechne mit dem Schlimmsten und frage mich: Was ist das jetzt nur wieder?

Eine Angst, wie sie mir in den vergangenen Wochen im Nacken saß, hatte ich in diesem Ausmaß das

ganze Jahr über nicht erlebt. Während der Akut-
maßnahmen war ich so beschäftigt, dass die Ängste
keinen großen Raum einnehmen konnten. Wenn
ich unterwegs bin, wenn ich mich ablenke, habe ich
gefühlt alles im Griff. Aber sobald die Ruhe kommt,
wird meine Sorge unerträglich.

Ich bin weiterhin Hochrisikopatientin, was ein
Rezidiv oder das Wachsen von Metastasen betrifft.
Als ich meine Onkologin danach fragte, ob Routine-
checks in meiner Situation vorgesehen sind, sagte
sie: „Nur wenn ein Verdacht besteht." Das brachte
mich wieder zur Verzweiflung: „Wenn ein Verdacht
besteht, dann ist es zu spät!", brach es aus mir heraus.
„Wo ist das Problem, einmal im Jahr zu sagen: Frau
Henning geht ins CT! Die Metastasen würden sich
bei mir vorrangig in der Lunge, der Leber oder den
Knochen ansiedeln, ein CT vom Thorax würde mir
Sicherheit verschaffen."

Viele Menschen hängen offensichtlich der Meinung
an: Wenn die Akuttherapie abgeschlossen ist, dann
sei alles wieder gut, und es müsse aufwärts gehen. Das
erlebe ich leider sehr anders. Ich beginne, die Nebenwirkungen der Infusions-Chemos und der Bestrahlungen stark wahrzunehmen. Ich bin unglaublich
müde und erschöpft, ich fühle mich absolut kraftlos,

bin sehr dünnhäutig und antriebslos geworden. Auch habe ich oft mit Wortfindungs- und Konzentrationsstörungen zu kämpfen. Im Fachjargon wird diese Symptomatik Fatigue genannt, sie gilt als weitverbreitete Nebenwirkung einer Krebserkrankung. Zudem leide ich nach wie vor an der Polyneuropathie, dem Gefühl von Taubheit und Nadelstichen in meinen Händen und Füßen, und auch unter starken Schmerzen in meiner Schulter und im Arm auf der bestrahlten Körperseite. Dazu kommen aktuell die Symptome während der Tabletten-Chemo. In den ersten Wochen hatte ich extrem mit Übelkeit zu kämpfen. Als diese langsam verging, stellten sich starke Kopfschmerzen und Schwindel ein. Danach erwischte mich eine Covid-Erkrankung – und dann kam das, was ich „den großen Knall" nenne: Es ging gar nichts mehr, ich konnte noch nicht mal mehr eine Treppe hinaufgehen. Sicher hat die Covid-Erkrankung mit dazu beigetragen, aber hauptsächlich führen die Ärzte meine Schwäche auf die Nebenwirkung der Tabletten zurück. Und natürlich spielt alles mit hinein, was mein Körper in den vergangenen Jahren einstecken und bewältigen musste. Ich spüre so deutlich, dass das nicht spurlos an mir vorbeigegangen ist. Ich nehme wahr, wie sehr es mich und meinen Körper mitgenommen hat. In diesem ganzen Jahr spielte mein Immunsystem erstaunlich gut mit, im vergangenen Winter und Frühjahr und Sommer war ich trotz der sechzehn Chemos kein einziges Mal krank. Bis zu unserem Türkei-Urlaub jetzt im Oktober.

Der Urlaub war die reinste Katastrophe. Nachdem ich wegen des Tumors in der linken Brust jetzt fast ein Jahr lang behandelt worden bin, ertastete ich am zweiten Tag einen Knubbel in der rechten Brust. Seitdem tobt das Kino in meinem Kopf in Dolby Surround mit Panoramabild. Meine beiden Männer waren natürlich total gestresst davon, dass ich ständig in Tränen ausbrach und nichts wegstecken konnte; ich merkte, wie dünnhäutig mich die ganze Situation machte. Es war wahrscheinlich unser letzter Urlaub zu dritt, denn Joris hat vor, im kommenden Jahr nach seinem Abitur – für das er sich glücklicherweise inzwischen entschieden hat – für ein Jahr nach Neuseeland zu gehen. Da wollte ich schöne Erinnerungen mit nach Hause nehmen und mich nicht ärgern müssen über Kindergeschrei am frühen Morgen, ein ungeputztes Zimmer und den Lärm am Strand. Deshalb ging ich schnell an die Decke.

Am Sonntag kamen wir spät zuhause an, Montagmorgen fuhr ich direkt zu meiner Frauenärztin, um sie meine neuerliche Entdeckung abtasten zu lassen. „Liebe Frau Henning", beruhigte sie mich, „ich glaube nicht, dass das etwas Schlimmes ist. Aber zur Sicherheit überweise ich Sie ins Brustzentrum zur detaillierten Abklärung." Dort stehe ich immer wieder auf der Matte, sobald mich etwas beunruhigt, und empfinde mich selbst oft schon als Störfaktor. Ich meldete mich mit den Worten: „Die hysterische Patientin ist wieder da." Mein Radiologe beruhigte mich: „Es ist alles gut, Frau Henning. Das Phänomen kennen viele Frauen in Ihrer Situation, deshalb sagen wir immer: Wenn etwas ist, kommen Sie!" Und obwohl er mir das immer wieder mitgegeben hatte, fühlte ich mich nicht wohl. Nachdem er mich untersucht hatte, war er der Meinung: „Die Verdickung kommt von Ihrer damaligen OP." Ich war irritiert: „Die OP war doch vor sechs Jahren. Weshalb spüre ich die Schwellung erst nach so langer Zeit, ich habe sie nie vorher wahrgenommen." Er machte ein Ultraschall und erklärte mir überzeugt: „Es ist eine Fettablagerung."

Das Schlimme ist: Ich kann es ihm nicht glauben. Nicht, weil ich ihm nicht vertrauen würde, sondern weil mein Kopf nach all den Erlebnissen, den Unwahrscheinlichkeiten und Schrecknissen der vergangenen Jahre verrückt spielt und nicht für wahrscheinlich hält, dass irgendetwas sich als harmlos entpuppt.

Erst einmal aber verbrachte ich eine Woche zuhause, um meine Covid-Erkrankung auszukurieren, die sich nach der Rückkehr aus unserem Urlaub bemerkbar machte. Auch Raik hatte sich natürlich angesteckt, es ging uns beiden wirklich schlecht. Ich schob es auf das Virus. Am Montag darauf musste Raiks Karte für seine Krankschreibung in der Arztpraxis eingelesen werden, und da mein Test inzwischen wieder negativ war, übernahm ich das für ihn. Als die Sprechstundenhilfe mich sah, sprach sie mich offen an: „Mareike, dir geht es nicht gut, das sehe ich." Ich war sehr blass im Gesicht, das ließ sich nicht verbergen: „Ja, es hat mich in der vergangenen Woche richtig umgehauen", gestand ich. „Hast du Zeit?", fragte sie, „ich möchte dich gerne gleich zu Frau Dr. ins Sprechzimmer schicken. Setz dich so lange ins Wartezimmer." Als die Ärztin meine Augen sah, war ihr klar: „Mit Ihnen stimmt etwas nicht! Wir machen ein großes Blutbild und melden uns morgen, falls etwas auffällig sein sollte." Abends spät bekam ich einen Anruf von ihr, ich möge am nächsten Morgen sofort in die Praxis kommen und die Ergebnisse abholen. Der Hb-Wert war unterirdisch, die Leukozyten bedenklich niedrig, ebenso schlecht sah es mit dem Knochenmark aus. Insgesamt seien die Werte so, dass ich damit direkt in die Onkologische Klinik müsse, die mich betreute.

Raik und ich setzten uns am nächsten Morgen in den Wagen, holten den Laborbefund ab und fuhren ohne Umwege zur Klinik. Weil er noch krank war, blieb er im Auto sitzen, um auf mich zu warten, ich meldete mich am Empfang. „Meine Blutwerte sind extrem schlecht … und mir geht es überhaupt nicht gut", stammelte ich, weil ich wusste, dass es schwierig war, ohne Termin untersucht zu werden. „Meine Hausärztin hat mich auf direktem Weg hierhergeschickt, damit entschieden werden kann, wie es weitergeht." „Ihre betreuende Onkologin ist heute nicht da, ich muss Ihren Fall also einer anderen Ärztin vorlegen", ließ mich die Schwester an der Rezeption wissen. Ich stellte mich aufs Warten ein und war froh, als endlich jemand zu mir kam und mich informierte: „Die Ärztin hat entschieden, Ihre Tabletten-Chemo sofort abzusetzen." Ich war entsetzt: „Nein, ich will meine Erhaltungstherapie auf keinen Fall unterbrechen!" „Doch, die Ärztin hat es so festgelegt!" Diese Ärztin hielt es anscheinend nicht für angeraten, persönlich mit mir zu sprechen. Es war Dienstag, und es hieß, ich solle mich am Freitag wieder vorstellen.

Als ich im Auto saß, begann ich bitterlich zu weinen: „Die können mir doch nicht meine Lebensversicherung wegnehmen, ohne mit mir zu sprechen!" Raik versuchte, mich zu trösten: „Komm, Mareike, es ist bis Freitag, das sind drei Tage, und vielleicht kannst du die Tabletteneinnahme dann schon fortsetzen ..."

Am Freitag fand ich mich wieder in der Klinik ein, mir ging es immer noch schlecht, mein Gesicht war weiß wie eine Wand. Wieder wurde mir Blut abgenommen. Wieder musste ich warten, bis jemand kam und mir mitteilte: „Ihre Werte haben sich noch nicht gebessert, und Ihre Onkologin ist heute im Home-Office. Sie schrieb mir eine Nachricht, dass Sie selbst entscheiden müssen, ob Sie eine Bluttransfusion möchten oder nicht." All das geschah auf dem Flur inmitten anderer wartender Patienten. Ich sah die Schwester erstaunt an: „Wie? Ich?" „Haben Sie so etwas schon mal bekommen?" „Nein, habe ich nicht!" Natürlich liefen mir sofort wieder die Tränen, daraufhin nahm mich die Schwester vom vollen Flur mit ins Labor. „Wie soll ich das entscheiden?" „Ich weiß es nicht, Ihre Ärztin hat es so angeordnet." „Und wenn ich mich dafür entscheiden würde, würde ich das Blut heute noch bekommen?" „Nein, so schnell geht das nicht. Zuerst brauchen Sie eine ärztliche Aufklärung, dann muss die Blutkonserve bestellt werden. Frühestens am Montag ist es so weit." Ich gab zu bedenken: „Am Dienstag habe ich meinen regulären Kontrolltermin, dann kann ich auch bis dahin warten?" „Aber Ihnen geht es doch nicht gut,

oder? Dann sollten Sie es vielleicht direkt machen ..."
Ich war der Verzweiflung nahe. „Gut, dann mache ich es!", ich entschied mich in diesem Moment aus dem Bauch heraus. „Okay", ließ mich die Schwester wissen, „dann sage ich der anderen Ärztin wegen der Aufklärung Bescheid. Das Gespräch dauert etwa eine halbe Stunde. Setzen Sie sich so lange wieder in den Flur." Nach einer halben Stunde kam die Schwester auf mich zu: „Frau Henning, ich habe schlechte Nachrichten für Sie: Aufgrund der Schwere Ihrer Erkrankung laufen Sie ja über die Krankenkasse in einem Programm, in dem der Chefarzt die Aufklärung übernehmen muss. Der hat aber erst in zwei Stunden Zeit ..." Da platzte mir der Kragen: „Wissen Sie was, ich bin weg jetzt – und komme am Dienstag wieder!" Ich war so wütend! Im Auto weinte ich Rotz und Wasser, dann rief ich Raik an: „Ich verstehe nicht, wie man auf diese Weise mit Patienten umgehen kann, die schwerkrank sind und abgeholt werden müssten in solch einer Situation!" Es war Freitag und halb zwölf, ich versuchte, meine Hausärztin zu erreichen und beschrieb ihr die Situation. „Frau Henning, Sie haben alles richtig gemacht!", beruhigte sie mich. Ihr wäre natürlich am liebsten, wenn es ohne Transfusion ginge, denn ein Restrisiko für andere Erkrankungen bliebe da immer.

Ich saß das ganze Wochenende zuhause und zermarterte mir den Kopf: Was mache ich bloß? Wie soll ich mich entscheiden? Schon am Dienstag hatte ich die Schwester gefragt, ob sie mir nicht irgendwelche Präparate nennen könne, die meine Blutwerte verbessern würden. Als Antwort bekam ich zu hören: „Das ist Sache der Patienten! Dafür ist die Klinik nicht zuständig." Ich solle mich in der Apotheke beraten lassen. Ich konnte es nicht fassen! Wenn die Onkologin mir eine Tabletten-Chemo verordnet, die diese Nebenwirkungen hervorruft, dann wäre es doch das Mindeste, die Patienten dahingehend zu begleiten, dass dieser Zustand sich bessert!

In der Apotheke wurden mir einige Präparate ans Herz gelegt, leider alles in Tablettenform. Und da es mir gerade immense Probleme bereitet, meine täglichen vier Chemo-Tabletten zu schlucken, war ich das ganze Wochenende mit Würgen beschäftigt. „Das kann nicht der Weg sein", entschied ich und ließ mir Anfang der Woche ein anderes Produkt speziell für Krebspatienten geben, dass alle entsprechenden Nährstoffe zur Verfügung stellt und als Pulver anzurühren ist. Aber es hieß auch in der Apotheke: Vermutlich werde ich bei meiner Tabletteneinstellung um die Transfusion nicht herumkommen, es wäre erstaunlich, wenn mein Körper das aus eigener Kraft schaffen würde. So bestätigte es sich am Dienstag – und ich entschied mich, nachdem ich tagelang in der Luft gehangen hatte, für die Transfusion. Nicht ohne anzumerken, wie unschön ich die Vorgänge in der vorangehenden Woche empfunden hatte. „Ich weiß, es gibt viele Krebspatienten, es gibt viel zu tun in der Klinik ...", fügte ich hinzu. „Aber gerade bei mir, die alles dafür getan hatte, den Krebs abzuwehren, hätte ich mir einen anderen Umgang gewünscht." Das wurde von meiner Onkologin abgebügelt, ohne näher darauf einzugehen.

Wieder griff mein altes Muster: Ich bin jemand, der schnell die Füße ruhig hält und alles runterschluckt. Ich frage nicht nach, ich habe Sorge, penetrant zu sein. Ich möchte nicht riskieren, mich unbeliebt zu machen. Also schwieg ich.

Am Donnerstag bekam ich die Bluttransfusion – ausgerechnet in dem Raum, in dem ich über sechs Monate hinweg meine Infusionen für die Chemo bekommen hatte. Ich hatte mir gewünscht, niemals dorthin zurückzugehen. Als ich die Pieptöne hörte, die das Ende der Infusion anzeigen, war alles vorbei für mich. Ich konnte nur noch weinen. Zuerst bekam ich Elektrolyte, ich sagte: „Ich trinke ganz schlecht, ich esse ganz schlecht, mein Körper mag unter den Tabletten nichts haben." Als dann die zwei Blutbeutel zum Einsatz kamen, war mein Entsetzen noch größer, und mein Kopf lief Amok: einerseits die Freude, dass mir endlich geholfen würde, andererseits die Angst vor dem Restrisiko für HIV oder Hepatitis ... Alles wirbelte durcheinander.

Ich bin meinem unbekannten Blutspender trotz allem sehr dankbar. Mein Appell: „Wer kann, bitte spende dein Blut." Es kann so vielen Menschen damit geholfen werden.

Wenige Tage danach hatte ich eine Beratung bei einer Psycho-Onkologin, für mich eine persönliche Niederlage. Gleich zu Beginn gestand ich ihr: „Ich wollte es ohne psychologische Unterstützung schaffen! Ich weiß nicht, was das Schlimme daran ist, Hilfe zu bekommen, ich kann es nicht einmal formulieren." Ich unterhielt mich mit der Frau, ich nannte ihr meine Probleme, ich konnte sogar weinen – seit unserem Urlaub kann ich Schwäche und Tränen besser zulassen –, aber ich versuchte dennoch, Contenance zu wahren. Sie war sich dessen bewusst und spiegelte mir, sie wisse nicht, woher ich all die Kraft nehmen würde, um weiterhin stark zu sein. „Ich weiß es selbst nicht", bestätigte ich ihr. „Was können wir tun, damit Ihre Situation erträglicher wird?", fragte sie mich. „Wir können gar nichts tun", sagte ich, „ich habe doch schon alles getan, um den Krebs nicht zu bekommen." „Was können wir tun, um Ihnen die Angst zu nehmen?" „Ich weiß es nicht! Deswegen bin ich ja hier! Ich bekomme die Angst nicht aus meinem Kopf."

Ja, die Angst ist mein Hauptthema: Angst, wieder zu erkranken, Angst vor dem Tod. Angst davor, ob und wie meine Familie diesen Weg weiter mit mir geht. Und es wäre entscheidend, von den Ärzten darin besser abgeholt zu werden. Das brauche ich! Ich brauche die Gewissheit! Zugleich vertraue ich keinem Arzt mehr – und auch keinem Therapeuten. Ich kenne meine Probleme selbst, ich kann meine Erkenntnisse nur nicht umsetzen. Ich ärgere mich immer noch dermaßen, dass ich alles getan habe und trotzdem erkrankt bin. Das bekomme ich nicht raus aus meinem System. Weshalb nur musste das passieren?

Im Februar geht es für drei Wochen zur Reha an die Ostsee. Bei den vielen Nebenwirkungen der Tabletten-Chemo, mit denen ich gerade zu kämpfen habe, weiß ich nicht, ob dieser Aufenthalt wirklich sinnvoll ist. Alle sagen: „Das wird dir guttun, Mareike!" Ich bin die Einzige, die sagt: „Das tut mir überhaupt nicht gut!

Meine Gedanken werden nur zuhause sein: ob alles funktioniert, ob alles gut geht, wenn ich nicht da bin. Es sind drei lange Wochen! Wie soll meine Familie klarkommen?" Das macht mein Leben anstrengend. Dazu die Vorstellung, wieder mit anderen Kranken zusammen zu sein. Wenn ich drei Wochen allein wegfahren dürfte, wäre das etwas anderes. Davon hätte ich mehr! Gleichzeitig würde es mir riesige Angst machen, allein zu sein. Ich würde in ein noch größeres Loch fallen, wenn ich meine Alltagsstruktur nicht hätte. Das wäre schrecklich!

Also werde ich versuchen, mich auf diese Zeit einzulassen und mich nur um mich zu kümmern, um Kraft zu tanken. Ein Teil meiner Haddorfer Deerns haben mich mit einem Abschiedsabend und einem „Reha-Überlebenspaket", gefüllt mit liebenvollen persönlichen Kleinigkeiten, überrascht.

Meine Bucket-List

Natürlich habe ich meine Ziele und Träume für die Zukunft. Im Frühjahr 2025 beginnt eine Fortbildung für die Position als pädagogische Mitarbeiterin an unserer Grundschule, die ich mir erhoffe. Ich hätte sogar zu Beginn dieses Schuljahres schon einsteigen können, und ich hätte große Lust dazu gehabt. Aber durch die Angst rückte all das in ungreifbare Ferne.

Während der Reha soll entschieden werden, ob und wann ich wieder arbeiten gehen kann oder ob das in naher Zukunft überhaupt nicht denkbar ist und ich in die Erwerbsminderungsrente komme. Das wäre erst einmal für drei Jahre. Mit einem Minijob könnte ich nebenbei arbeiten, vielleicht würde mich das von meiner Angst ablenken.

Die nächsten zwei Jahre sind bei mir die entscheidenden, da wird sich zeigen, wie hoch meine Überlebenschancen sind. Wenn ich in der Instagram-Community lese: Die und die ist gestorben, oder eine hat Metastasen, bei ihr ist der Krebs zurück, dann merke ich, wie Verzweiflung sich in mir breitmacht. Ich hatte über mein Netzwerk eine ganz liebe Frau kennengelernt, die bei uns in der Nähe wohnt. Wir überlegten, uns zu verabreden. Irgendwann las ich in ihrem Status, dass Metastasen bei ihr gefunden worden seien und sie sich aus den digitalen Kanälen zurückziehen würde. Es sei kein Abschied für immer, sondern eine Pause. Etwa drei Wochen später schrieb sie mich an, dass sie auf der Palliativstation läge. Sie habe in meinem Status gesehen, dass ich zur Kontrolle in der Klinik sei. Wenn es passen würde mit meinen Terminen, würde sie sich über meinen Besuch freuen: „Ich möchte dich so gerne persönlich kennenlernen." Ich war im ersten Moment ratlos. Ich wusste nicht, ob ich mir das zutrauen konnte. Auf derselben Palliativstation hatte Mama gelegen.

Nach einer Weile gab ich mir einen Ruck und signalisierte ihr: „Ich schreibe dich an, wenn ich das nächste Mal da bin, und dann sehen wir, ob es passt." Zwei Wochen später war es so weit, ich besorgte ein kleines Geschenk für sie. Als ich in ihr Zimmer kam, stockte mir der Atem. Ich hatte sie vorher nur von Fotos gekannt, aber ich erfasste im ersten Augenblick: Es ist das erste und letzte Mal, dass ich sie sehe. Das hat mich zutiefst erschrecken lassen. Sie freute sich unbändig, mich zu sehen, umarmte mich innig.

„Wir brauchen gar nicht viel zu reden", sagte sie. „Wir verstehen uns ohne Worte." Es erinnerte mich so sehr an meine Mama. Sie hielt mich zehn Minuten in ihren Armen fest, ohne mich loszulassen, bis eine Schwester ins Zimmer kam, um sie zur Bestrahlung abzuholen. „Mareike, ich möchte dein Buch lesen! Ich werde kämpfen, und alles wird gut!", waren ihre Abschiedsworte. Zwei Wochen später starb sie.

Für mich war das ein einschneidendes Erlebnis. Weshalb so schnell?, fragte ich mich. Im August war doch noch alles gut, und Anfang Oktober war sie tot. Auch das erinnerte mich sehr an Mama. Und es kurbelte meine Angst enorm an, dass es auch bei mir so kommen könnte. Vor zwei Wochen rief mich eine Freundin meiner Oma an. Wir hatten uns das letzte Mal auf Omas Beerdigung im Dezember vor zwei Jahren gesehen. Unvermittelt fragte sie mich, ob es tatsächlich so sei, dass ich nur noch ein Jahr zu leben hätte – das sei ihr in der Stadt so erzählt worden. Ich fiel aus allen Wolken und wusste nicht, was ich sagen sollte. Und so bin ich ständig hin- und hergeworfen zwischen bodenloser Verzweiflung und dem intensivsten, schönsten Erleben, was sich immer wieder auch aus meiner besonderen Situation kreiert.

Auf Instagram hatte ich von der „PINK STYLE TOUR"
gelesen. Die beiden Veranstalterinnen Maike Grimpe
und Ines Thömel richten dieses Event ehrenamtlich
aus. Dieses Jahr fand die Tour in Hamburg, München
und Zürich statt. Zwanzig Frauen, die an Brustkrebs
erkrankt und bereits durch die Chemo- und Strah-
lentherapie gegangen sind, werden jeweils eingeladen und erhalten ein Makeover von professionellen
Make-up- und Hairstylisten. Hinzu kommen Ernährungsberatung, Yoga- und Breathwork-Sessions,
Tipps für den Wiedereinstieg ins Berufsleben – und
ein kleines Konzert. „Unser Ziel ist es, dass sich die
Frauen in ihrem Körper wieder schön fühlen und
ein gestärktes Selbstbewusstsein entwickeln", heißt
es in der Ausschreibung. Ich war eine von fünfhundert Frauen, die sich für den 2. Oktober in Hamburg
bewarben, bekam aber eine Absage. Das machte mich
zuerst sehr traurig, dann disponierte ich um und
verabredete mich für den Abend mit meinen Freundinnen fürs Oktoberfest. Wir waren im vergangenen
Jahr schon dort und haben uns wunderbar amüsiert,
also waren wir Feuer und Flamme. Ich hatte mir
sogar einen Termin fürs Schminken besorgt. Zwei
Tage vorher erreichte mich ein E-Mail: Jemand sei
erkrankt, ob ich kurzfristig am Freitag bei der PINK
STYLE TOUR dabei sein wolle? Ich jubelte, es war
das, was ich mir unbedingt gewünscht hatte.

Die Teilnehmerinnen waren über Instagram verbunden, so verabredete ich mich mit einer anderen Frau für die Zugfahrt, wir kamen gemeinsam im Hotel der Elbphilharmonie an. Unsere Runde war von Anfang an aufgeschlossen und zugewandt, ich fühlte mich superwohl. Wie gerne hätte ich mich mit allen intensiver unterhalten, aber dazu war bei dem reichhaltigen Programm gar keine Zeit. Es war richtig was los. Fünf Stylisten wirkten parallel, eine Dame führte Perücken vor, jede Frau durfte sich eine passende aussuchen. Ich ärgerte mich hinterher, dass ich lang und blondhaarig wählte – dasselbe, was ich schon zuhause habe – und nicht etwas völlig Ausgefallenes oder Verrücktes: kurze, dunkle Haare oder Dreadlocks beispielsweise. Als es um die Klamotten ging, die nach unseren Maßen ausgewählt worden waren, standen wir vor einem großen Kleiderständer, und ich flüsterte meiner Nachbarin intuitiv zu: „Wenn ich bloß nicht das Orangene bekomme ..." – „Mich graust es vor dem Silbernen, um Gottes Willen", kicherte sie. Und natürlich bekam jede von uns genau das, was sie auf keinen Fall hatte tragen wollen: sie die silberne Astronautenweste, ich, als Nachrückerin, den orangefarbenen Pullover und die Jeans, die für „meine Vorgängerin" längst ausgesucht worden waren. Ich gestand der Stylistin: „Orange ist überhaupt nicht meine Farbe!" Doch alle waren begeistert, wie gut mir der Pulli stand, also ließ ich mich darauf ein – zuletzt fand ich mich auf all den Fotos gar nicht schlecht! Und das Ende vom Lied: Inzwischen habe ich mir einen orangefarbenen Pullover gekauft.

Den gesamten Tag über wurden wir von Fernseh- und Zeitungsredakteuren begleitet, die über die Initiative berichten wollten. Ich sprach eine der Initiatorinnen an: „Meine Geschichte muss in die Welt getragen werden!" Als ich ihr ein paar Stichworte zu meinem Leben erzählte, sagte sie spontan: „Da hast du recht! Leider ist schon alles durchgeplant, ich fürchte, dafür haben wir kein Zeitfenster mehr offen. Die Interviews sind vorbereitet, eins wird direkt heute Abend bei Sat.1 ausgestrahlt." Als ich dann aber beim Schminken saß, hieß es plötzlich: „Mareike, da hinten sitzt Sybille, sie schreibt für eine bekannte Frauenzeitschrift und möchte ein Interview mit dir führen." Eine halbe Stunde waren wir im angeregten Gespräch. Danach kam die Moderatorin von Sat.1 zu mir und wollte sich meine Telefonnummer aufschreiben. Gern würde sie mit mir in Kontakt bleiben. Wer weiß, was sich ergibt.

Am Abend durfte eine Begleitperson für jede Frau dazukommen, es gab ein Dinner mit Wohnzimmerkonzert. Eine Sängerin unterhielt uns mit lebhaftem

Programm, und ich genoss den Ausklang dieses erfüllten Tages mit Raik, es war wunderschön!

Was bleibt für mich? Der intensive Austausch mit Frauen, die allesamt in einer ähnlichen Situation sind, und einmal mehr die positive Erfahrung, dass ich nicht die Einzige bin. Dann das bewegende Schicksal zweier Frauen in der Gruppe, die wissen, ihr Krebs ist nicht mehr heilbar, ihre Zeit ist endlich. Mich berührt das einerseits in der Dankbarkeit darüber, dass mein Körper noch keine Metastasen entwickelt hat, andererseits rührt es wieder an die riesige Angst, die unter allem liegt. Eigentlich weiß ich, dass ich relativ gute Chancen habe, heil rauszukommen. Aber das hilft nichts, wenn die Angst mich überfällt.

Dabei habe ich meine lange Bucket-List mit Wünschen, die ich mir unbedingt erfüllen möchte. Ein erster Wunsch, der wahr wurde, war der Fallschirmsprung über Usedom im vergangenen Sommer gemeinsam mit Joris. Fürs nächste Jahr steht Joris' Abitur mit Abiball an erster Stelle. Danach möchte ich unseren Sohn natürlich gern in Neuseeland besuchen. Dann New York: Ich will diese Stadt erleben, die niemals schläft. Die Pläne dafür stehen. Im April soll es mit Joris, Raik und meinem Bruder über den großen Teich gehen.

2025 verspricht ein ereignisreiches Jahr zu werden, denn wir haben uns außerdem dazu entschlossen, im September unseren zwanzigjährigen Hochzeitstag groß zu feiern. Ich hatte Raik gesagt: „Wir wissen nicht, ob ich die Silberne Hochzeit in fünf Jahren noch erleben darf. Lass uns doch unsere Freunde, Familie und die Nachbarschaft einladen. Ich möchte diesen Tag nicht unbesehen verstreichen lassen." Ich verstehe es auch als Dankeschön an alle, die in diesen schweren Jahren eng an unserer Seite standen.

Dann möchte ich mich endlich von meiner lieben Freundin Alex – meiner „kleinen Schwester" – am Unterarm tätowieren lassen: ein Herz und der Schriftzug „Joris". Das ist für mich eine Erinnerung an Joris für die Ewigkeit.

Der Termin stand eigentlich schon für den November 2023 bei mir im Kalender … Jetzt soll er nicht mehr auf die lange Bank geschoben werden.

In weiterer Zukunft möchte ich mir mindestens zwei große Reiseträume erfüllen: zum einen eine Rundreise durch Norwegen bis zum Nordkap, zum anderen fiebere ich seit Langem darauf, die „Big Five" in Südafrika zu besuchen: Löwe, Nashorn, Elefant, Schwarzbüffel und Leopard. Ich verbinde damit Freiheit und Naturerleben. Natürlich stehen noch viele andere Sehnsuchtsorte auf meiner Liste. Zugleich bin ich dankbar, dass ich bis heute schon viele schöne Orte in unserer Welt bereisen durfte. Um sie noch einmal hautnah von oben zu genießen, möchte ich mit einem Paragleitschirm über die Berge fliegen.

Wenn ich wieder Kraft und Konzentration dafür habe, würde ich am liebsten Gitarre spielen lernen. Das könnte ich auch wunderbar in der pädagogischen Arbeit mit Kindern einsetzen. Und ich möchte gerne auf ein Konzert von Helene Fischer – 2026 ist sie wieder auf Deutschland-Tournee.

Und natürlich wünsche ich mir, irgendwann Oma zu werden. Ich möchte meine Enkelkinder so beschenken, wie meine Oma mich beschenkt hat.

Ich spüre meine Mama und meine Oma nah bei mir, ich erlebe sie als Engelswesen. Sie sind nicht weg. Es ist keine Angst vorm Tod an sich, die mich reitet, und ich bin gewiss: Auch ich werde als Engel bei ihnen sein, wenn ich eines Tages gehe.

Aber nicht jetzt! Noch nicht! Nicht so früh!

Ich will das Leben noch nicht verlassen, es gibt so viele Dinge, die ich auf Erden noch erfahren und auskosten möchte!

Lebe

Liebe

Lache

Herzensangelegenheit

Danke an meinen lieben Mann Raik & an unseren wundervollen Sohn Joris – ich bin stolz auf euch und unendlich dankbar!

Danke an meinen Bruder Mirco,

danke an meinen Papa,

danke an meinen Schwiegerpapa & an Ulla,

danke an Annekatrin & Maik,

danke an Marc,

danke an meine Haddofer Deerns,

danke an Melanie,

danke an meinen Freundes- und Bekanntenkreis,

danke an Diana und an alle, die dazu beigetragen

haben, dass mein HERZENSPROJEKT – dieses Buch – in Erfüllung gegangen ist,

danke an alle Ärzte, Krankenschwestern und medizinischen Fachangestellten, die mich in den vergangenen Jahren begleitet haben, ganz besonders an meine einfühlsame Frauenärztin Dr. Gasiorowski und ihr tolles Team: Frau Dammann, Frau Rottstedt und Frau Cordes,

und danke an all die, die unerschrocken, unbeirrt, ohne Wenn und Aber, voller Liebe und Zuversicht während dieser schweren Phase in meinem Leben an meiner Seite standen.

Ihr seid meine wahren Heldinnen und Helden!

Und dabei kommt es nicht darauf an, wie viel oder wie oft Ihr da wart, mir zugehört, mich umarmt und getröstet, geholfen und unterstützt habt oder ob Ihr nah oder fern wart.

Ich blicke voller Freude im Herzen in die Zukunft, weil ich weiß, wer an meiner Seite stehen wird!

Posthum

In liebevoller Erinnerung an meine geliebte Mama und

an meine geliebte Oma Eva.

Ich möchte Euch von ganzem Herzen danken!

Eure Liebe, Eure Weisheit und Eure Stärke haben mich geprägt und mir den Weg geebnet, den ich heute gehe. Ohne Euch wäre ich nicht die Mareike, die ich heute bin. Ihr habt mir beigebracht, an mich selbst zu glauben, meine Träume zu verfolgen und auch in schweren, stürmischen Zeiten stark zu bleiben.

Ich hoffe, dass es mir gelingt, Euer Erbe in vollem Umfang weiterzutragen, sodass Ihr stolz auf mich sein könnt.

Danke für alles, was Ihr für mich getan habt! Ihr werdet immer einen besonderen Platz in meinem Herzen einnehmen.

Wir sehen uns auf der anderen Seite wieder – wenn auch ich irgendwann ein Engel bin.

Ich habe Euch unendlich lieb!

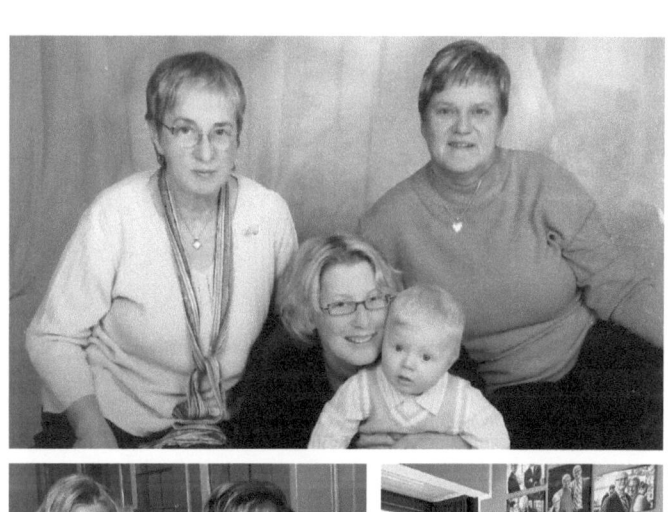

Anhang

Triple-negatives Mammakarzinom und BRCA1[2]

Was ist eigentlich ein dreifach negativer Brustkrebs oder ein triple-negatives Mammakarzinom?

Immer deutlicher wird, dass Brustkrebs nicht gleich Brustkrebs ist. Wo früher Tumorgröße, Ausbreitungsmuster und Zellart unterschieden wurden, erlauben moderne Untersuchungsverfahren eine zunehmend genauere Typisierung des Tumors. Dabei wurde 2007 der Begriff des dreifach negativen Mammakarzinoms oder „triple negative breast cancer" (TNBC) geprägt, um diesen Tumortyp gegen die Tumoren abzugrenzen, an deren Zelloberfläche spezifische Rezeptoren – Hormonrezeptoren für Östrogen und Progesteron oder HER2 (human epidermal growth factor receptor type 2)-Rezeptoren – nachgewiesen werden können.

---

2   Quelle: https://jerusalem-hamburg.de/was-ist-eigentlich-ein-dreifach-negativer-brustkrebs-oder-ein-triple-negatives-mammakarzinom; abgerufen am 17. Juni 2024

Die Einstufung als TNBC beruht auf der immunhistologischen Analyse eines invasiven Mammakarzinoms durch die Pathologie. Untersucht wird die Expression des Östrogenrezeptors (ER), des Progesteronrezeptors (PR) und des humanen epidermalen Wachstumsfaktorrezepors 2 (HER2). Ein Karzinom gilt als tripel-negativ, wenn es keine therapierelevate Expression der drei genannten Marker aufweist. Die hierfür definierten Grenzwerte liegen für ER und PR bei weniger als 1 % positiver Tumorzellen und für HER2 bei einem Scorewert unter 3+ (sofern keine Genamplifikation vorliegt).

Etwa 15–20 % der Mammakarzinome sind tripel-negativ. Tripel-negative Mammakarzinome sind histomorphologisch und molekulargenetisch heterogen. Im Gegensatz zur immunhistologischen Definition der „dreifachen Negativität" handelt es sich bei dem „basal-like" Mammakarzinom um einen molekularen Subtyp des Mammakarzinoms, charakterisiert durch ein Genexpressionsprofil, das demjenigen basal-myoepithelialer Zellen der normalen Brust entspricht. Beide Bezeichnungen dürfen daher nicht synonym verwendet werden, jedoch ist nur der Großteil (bis zu 80 %) der basalen Mammakarzinome tripel-negativ und umgekehrt. Neue Untersuchungen bestätigen, dass bei Frauen mit triple-negativem Brustkrebs die Prävalenz der BRCA1-Mutationen höher ist. In der dreifach negativen Brustkrebs-Gruppe hatten bis zu 50 % Mutationen im BRCA-1-Gen im Vergleich zu etwa 18 % mit anderen Brustkrebsvarianten.

Eine Studie mit über 800 Frauen mit triple-negativem Mammakarzinom erfasste deren familiäre Belastung und untersuchte die BRCA1/2-Mutationshäufgkeit in der Keimbahn. Die Ergebnisse zeigen eine deutliche Altersabhängigkeit bei der Häufigkeit des Mutationsnachweises: Je jünger die Patientin erkrankt ist, desto höher ist die Wahrscheinlichkeit für das Vorliegen einer BRCA1- oder BRCA2-Mutation. Sie liegt im Mittel bei etwa 10 % oder höher bei Frauen, die bis zum fünfzigsten Lebensjahr erstmalig an einem triple-negativen Mammakarzinom erkranken. Die Wahrscheinlichkeit für eine BRCA1-Mutation ist häufiger bei jungen Patientinnen mit TNBC (44 % bei < 40 Jahre, 27 % bei 40–49 Jahre, 25 % bei 50–59 Jahre, 12,5 % bei 60–69 Jahre und 17 % bei > 70 Jahre). Interessanterweise ähnelt das Mutationsspektrum dem der serösen Ovarialkarzinome.

Eine genetische Beratung und Testung bei allen Brustkrebspatientinnen ≤ 50 Jahre mit TNB ist zu empfehlen. In einer Untersuchung von 469 TNBC-Patientinnen, die sich einer genetischen Testung unterzogen, zeigte sich eine BRCA1-Mutations-Häufigkeit von 31 % (BRCA2 6,8 %). Bei Verwendung neuer molekularbiologischer Verfahren (myRisk Hereditary Cancer 25-Gen-Panel) zeigten sich bei 3.413 Patientinnen mit triple-negativem Brustkrebs im Vergleich mit 22.890 Patientinnen mit anderen Typen von Brustkrebs 100,8 % mehr Mutationen als mit BRCA1- und BRCA2-Mutationstests allein. Umgekehrt zeigt sich bei jüngeren Patientinnen mit BRCA1-Mutationen, dass etwa 75 % der Brustkrebspatientinnen mit BRCA1-Mutation auch triple-negative Tumoren aufweisen. Auf dem Boden von Next-Generation-Sequencing-(NGS-)Analysen zeigen „basal-like" Mammakarzinome und damit auch die meisten TNBCs ein von luminalen Tumoren abweichendes Mutationsspektrum mit häufigem Auftreten von TP53-Mutationen (über 80 % vs. ca. 30 %) und seltenem Auftreten von PIK3CA-Mutationen (unter 10 % vs. über 40 %) als Hinweis für eine unterschiedliche molekulare Pathogenese. Anhand der Genprofile werden mittlerweile schon Subtypen des triple-negativen Mammakarzinoms unterschieden. Die Bedeutung für die Therapie ist Gegenstand weltweiter Studien.

Die Besonderheiten des triple-negativen Mamma-karzinoms im Vergleich zu anderen Mammakar-zinom-Subtypen sind die bislang noch erschwerten therapeutischen Möglichkeiten. Trotz der Über-lappungen mit anderen Subtypen definiert man es heute daher als eine gesonderte Form von Brustkrebs, auch wenn die Terminologie nicht einheitlich ist. Da besonders junge Patientinnen davon betroffen sind, besteht dringlichster Handlungsbedarf.

Fazit: Das dreifach negative Mammakar-zinom verhält sich biologisch aggressiv und tritt bevorzugt bei jüngeren Patientinnen auf.

Lebe den Moment ...

Denn irgendwann ist
irgendwann zu spät!

Impressum

Text: Mareike Henning mit Silke Schulze-Gattermann
Lektorat: Britta Dubilier
Portraits Cover und Seite 101: Lisa Endres
Gestaltung: Katrin Grimm
© 2025 Mareike Henning
Verlag: BoD · Books on Demand GmbH, Überseering 33,
22297 Hamburg, bod@bod.de
Druck: Libri Plureos GmbH, Friedensallee 273,
22763 Hamburg

Alle Rechte an dieser Ausgabe liegen bei Mareike Henning, Malente im
Januar 2025

Aus Gründen der besseren Lesbarkeit wird im Text verallgemeinernd
das generische Maskulinum verwendet. Diese Formulierungen umfas-
sen gleichermaßen weibliche und männliche Personen; alle sind damit
selbstverständlich gleichberechtigt angesprochen.

ISBN: 978-3-8192-0815-7